O PODER DE NOSSA PRESENÇA

Dados Internacionais de Catalogação na Publicação (CIP)
(Câmara Brasileira do Livro, SP, Brasil)

Subirana, Miriam
O poder de nossa presença : um guia de *coaching* espiritual / Miriam Subirana ; prólogo de Federico Mayor Zaragoza ; tradução de Stephania Matousek. – Petrópolis, RJ : Vozes, 2014.

Título original : El poder de nuestra presencia : una guía de *coaching* espiritual

Bibliografia

ISBN 978-85-326-4829-7

1. Vida espiritual I. Zaragoza, Mayor. II. Título.

14-06790 CDD-248.32

Índices para catálogo sistemático:
1. Vida espiritual 248.32

MIRIAM SUBIRANA

O PODER DE NOSSA PRESENÇA

Um guia de *coaching* espiritual

Prólogo de Federico Mayor Zaragoza

Tradução Stephania Matousek

Nobilis

VOZES

Numancia 117-121, 08029 Barcelona, Espanha
www.editorialkairos.com

Título original espanhol: *El poder de nuestra presencia – Una guía de* coaching *espiritual*

Direitos de publicação em língua portuguesa – Brasil:
2014, Editora Vozes Ltda.
Rua Frei Luís, 100
25689-900 Petrópolis, RJ
www.vozes.com.br
Brasil

Editoração: Maria da Conceição B. de Sousa
Diagramação: Sandra Bretz
Capa e ilustração de capa: Miriam Subirana
Arte-finalização: Aquarella Comunicação e Marketing

ISBN 978-85-326-4829-7 (edição brasileira)
ISBN 978-84-9988-136-2 (edição espanhola)

Editado conforme o novo acordo ortográfico.

Este livro foi composto e impresso pela Editora Vozes Ltda.

Sumário

O ser humano foi criado para acessar a luz a partir da escuridão, a realidade a partir da irrealidade, o absoluto a partir do relativo, a imortalidade a partir de sua morte. Sua tarefa, bem como seu direito natural, é conseguir "contemplar". Inclusive, embora não seja assim, com perfeita clareza. Um caminho para esse objetivo consiste em viver em paz com profundidade, atenção transparente e presença pura.

Gisela Zuniga

Prólogo

Plantar sementes que estimulem as pessoas provoca uma mudança radical.

Neste livro, Miriam Subirana nos convida a refletir sobre o nosso impacto no mundo como barômetro do poder de nossa presença. Que impacto é esse? Até agora, nenhum. Hoje, muito fraco, mas a participação não presencial, isto é, a "presença não física" pode mudar, em pouco tempo, não somente a dominação e imposição de uns poucos sobre muitos, mas também os próprios pilares da democracia, tornando-a genuína, tornando-a representativa da voz dos cidadãos.

De todas as presenças, que devem ser todas pacíficas, a mais importante é a solidária ("amorosa" nas palavras da autora), porque implica reciprocidade, compromisso e envolvimento.

Porém, quanto a isso, é especialmente relevante a "presença transformadora", que requer uma série de valores que estão explicitados neste livro: confiança, abertura e transparência, adaptabilidade, acessibilidade e humildade, inocência ("presença sem couraças"), amizade ("o encontro")... De todos esses valores, considero como particularmente importante a acessibilidade, já que a atual impossibilidade de tantos e tantos seres humanos disporem de alimentação, água, saneamento básico e moradia prejudica e reduz a qualidade de vida e, consequentemente, o pleno exercício das faculdades específicas de nossa espécie. Sem capacidade de participação, reduzidos à condição de resignadas testemunhas dos acontecimentos, alienados, os cidadãos não podem contribuir para as transformações essenciais que os inícios de século e milênio exigem.

O que uma pessoa com presença transformadora faz e como ela vivencia suas conquistas e criatividade? A presença "criativa", aquela que transforma os sonhos em realidade "rompendo o limite do impossível" – como disse a presidente do Brasil Dilma Roussef –, é, sem dúvida, a que apresenta a maior transcendência, pois estabelece novas trajetórias, novos rumos, permitindo a evolução e enfrentando a tão perniciosa inércia.

E, no final, o livro nos descreve a origem da presença e de seu poder em *cada pessoa*. Incorporada em transitórias estruturas orgânicas, a vida humana se caracteriza pela exclusiva capacidade de pensar, imaginar, penetrar no espaço infinito da alma. E é a partir daí que se projeta a presença, a partir do poder interior, do qual é preciso estar plenamente consciente para utilizá-lo adequadamente. E para ter confiança em si mesmo, condição imprescindível para que a presença seja "eficaz" nos âmbitos pessoais (internos) e coletivos (externos, relacionais). O ideal é alcançar os benefícios da "presença recíproca" (para si mesmo e para os outros).

Ousar saber e saber ousar: descrevi isso há anos em *Amanhã sempre é tarde*. Ao chegar a Oxford em 1966, li no emblema da cidade: *Sapereaude*. Sim: é necessário conhecer, saber. E

Oxford é um símbolo de aprendizagem, de educação superior. Porém, depois é necessário ousar. O risco sem conhecimento é perigoso, mas o conhecimento sem risco é inútil. Por que não ousamos? Por medo, um sentimento inibidor que desde a infância se desenvolve através de uma educação familiar mais negativa e proibitiva do que positiva, facilitadora e estimulante. E, em seguida, através do poder público, que, com excessiva frequência, ameaça mais do que incentiva. E também das religiões, que, apesar de serem todas elas baseadas em amor e solidariedade, com frequência apresentam hierarquias e representantes que falam mais de inferno (eterno!) do que de luz, paz e sabedoria.

Por isso, a Declaração Universal dos Direitos Humanos, ponto de referência permanente para a presença influente e inspiradora, estabelece em seu preâmbulo que, se for colocada em prática, ela "liberará a humanidade do medo". Presença corajosa, audaciosa e a propósito.

Miriam Subirana vem fortalecendo, em uma trajetória evolutiva, original e rara, sua "presença íntima", os princípios éticos nos quais a conduta cotidiana se funda e se alimenta. Ela é uma excelente escritora e, além disso, uma boa artista. Suas telas traduzem a tensão espiritual que lhe proporciona força expressiva através da palavra ou da imagem. Sua voz é pausada, como se desfiasse cada sílaba. E ela sabe escutar.

Já vi a Miriam semear sulcos cavados em terras não cultivadas. Navegando contra a corrente, ela não recua em seus propósitos: a ampliação e difusão de suas meditações. Não desiste de tentar responder a perguntas essenciais. "Você deve notar – escreve ela – a diferença que existe entre a realidade do mundo de sua mente e o mundo da realidade que está ao seu redor e na qual você vive. Com quem você se relaciona: com a pessoa real ou com a imagem dela que você interiorizou na sua mente? Você está disposto a mudar de imagem e, consequentemente, ser surpreendido por uma nova realidade 'mais real'?"

"A transformação se dá com aceitação e amor", e não com violência ou azedume. Nunca mais espectadores. "Devemos nos dar conta, porque é no ato de se dar conta que reside a possibilidade de mudança: de uma mudança de atitude, consciência e motivação na ação, para deixar de ser consumidor espectador e se tornar ator doador e servidor. O amor é uma energia que cura e revitaliza."

Diante da situação do mundo atual, com tantas desigualdades e injustiças, "que tipo de presença necessitamos ter para mudar essa espiral de pobreza, violência e desarmonia"?

É preciso com-partilhar. Partilhar com os outros. Compadecer. Des-velar-se. É preciso não se deixar aprisionar pela rotina, pelo pessimismo. O descomedimento criador é nossa esperança. O que está por vir, gosto de repetir, ainda está por fazer.

Inventar o futuro para legar às próximas gerações a Mãe Terra e as condições de vida que elas merecem.

Obrigado, Miriam, por contribuir com seus livros e exemplo, e em especial com este livro, para o esclarecimento de horizontes hoje tão sombrios.

Leitor, tenho certeza de que, à medida que virar as páginas deste volume, você sentirá a sua presença transformadora aumentar. E experimentará também gratidão por Miriam Subirana.

Nelson Mandela uma vez disse que, para mudar o mundo, devemos mudar primeiro a nós mesmos. A autora ratifica essa ideia assim: "Torne-se um vetor de mudança. Não tenha medo. Você encontrará pelo caminho novos amigos que o compreenderão e acompanharão durante a mudança. A presença deles, até agora invisível para você, ficará visível. Enquanto se mantinha no velho paradigma, você não a via e nem tinha consciência da existência dela. Ao despertar, você enxerga com outros olhos e se dá conta da beleza das pessoas que apostam em uma mudança radical em suas vidas e no planeta. Ponha-se a caminho. Quando você mudar, o mundo mudará".

É um grande desafio. O mundo deve mudar. Outro mundo é possível, mas devemos mudar a nós mesmos em primeiro lugar.

Federico Mayor Zaragoza

Janeiro de 2011

Introdução

Estou escrevendo este livro a partir da reflexão à qual sou convidada ao escutar o chamado da Terra, o chamado dos seres humanos e o chamado de Deus. Ao conectar o meu interior com todas essas vozes, sinto que a necessidade de ser e ter uma presença transformadora é inadiável.

O chamado da Terra me leva a refletir sobre a imensa generosidade que a natureza nos oferece permanentemente. Escuto e sinto sua agonia por causa da poluição e do desequilíbrio que estamos criando, devido ao nosso consumo excessivo e irresponsável. Nossa ganância é insustentável.

... a necessidade de ser e ter uma presença transformadora é inadiável.

O chamado dos seres humanos me leva a escutar os corações que sofrem, cheios de tristeza, medo ou raiva. As mentes que querem escapar das areias movediças que as engolem. As almas que desejam se reinventar e viver uma vida plena.

O chamado de Deus me leva ao silêncio. No silêncio, escuto a voz da sabedoria que me diz: amem-se uns aos outros. Mas realmente amem-se. Escutem-se. Deixem para trás a violência que seca o amor de suas vidas e semeia o ódio. Pratiquem compaixão e tolerância. Voltem a ter confiança.

Este livro é um convite. Estou convidando você a meditar sobre o poder de nossa presença e de nosso impacto no mundo.

Observo que muitos de nós, seres humanos, caminhamos por este planeta sem estar conscientes do impacto de nossa presença sobre a Terra. É como se não estivéssemos conscientes de nosso poder e de como as vibrações que emitimos influenciam as coisas e também a nós mesmos. Nossos pensamentos, palavras e ações causam impacto em nosso ser, nos outros e na natureza. Com frequência não nos damos conta do dano ou benefício de nossa influência e do mal ou bem que podemos provocar.

À medida que nos tornarmos mais conscientes de nosso impacto, assumiremos a responsabilidade de andar pelo mundo semeando harmonia, paz e amor. Seremos mais firmes na hora de não nos deixarmos levar pela inércia do que fomos e fizemos até agora. Tomaremos as rédeas de nossas vidas para não sucumbir face à vulnerabilidade que o sistema suscita em nós e para forjar o destino que tanto almejamos. Um destino em que primem o respeito, a não violência e a sabedoria do ser, estar e fazer.

Para conseguirmos isso, temos de encontrar nossa coluna vertebral, nosso centro, a partir do qual brotará todo o potencial que carregamos. E é justamente quando vivemos no e a partir desse espaço interior que temos presença.

Uma pessoa com presença está estabilizada internamente. É firme e está enraizada no momento presente tal como uma árvore. Sua presença surge por ela ser e estar conectada com sua verdadeira identidade. Ela vive sem máscaras. Escuta com todo o seu ser, atenta e aberta ao outro. Sua presença reconhece e é reconhecida. É transformadora.

Uma pessoa assim vivencia seus valores. Eles são suas raízes. Alimentam o tronco de sua autoestima e lhe dão firmeza para estar presente. Não precisa fingir nem provar nada. É e está presente. Seus galhos são as diferentes expressões do ser através de suas ações em seu mundo pessoal, relacional e profissional.

Não basta estar presente e ter presença: precisamos "polir" a qualidade de nossa presença e fortalecê-la para que nosso impacto seja realmente transformador. Nossa presença é determinada por nossos valores, intenções e atitudes. Nossas contradições e sombras podem diminuir nosso brilho. Por isso, é importante compreender o que é uma presença transformadora e como obtê-la e mantê-la.

Ao longo destas páginas, veremos os fatores que contribuem para aumentar nossa presença. Descobriremos como é uma presença criativa, transformadora ou curativa; como é uma presença servidora, facilitadora e pacífica; como é uma presença brilhante.

Assim, apresentarei nos próximos capítulos a importância de compreender o impacto de nossa presença nos outros, nas situações e no mundo. Nas próximas páginas, discutiremos as conquistas e os benefícios resultantes da atitude de ter presença. A comunicação e a criatividade melhoram quando você experimenta a segurança que a sua presença lhe dá. Veremos também os valores sobre os quais se funda a presença transformadora, tais como confiança e coragem, transparência, generosidade e amizade.

Isso nos ajudará a entender por que certos oradores, conferencistas e líderes têm mais presença do que outros, por que em algumas reuniões uma pessoa tem mais presença do que outra. É interessante observar que há presenças que passam quase despercebidas. Por que alguns são visíveis, enquanto outros ficam na invisibilidade? Há pessoas com carisma e pessoas que sabem como se fazer notar, chamar a atenção e se destacar não pelo que são, mas sim pelo que fazem. Porém, outras pessoas se tornam visíveis porque a presença delas chega até você, abraça-o e o toca internamente. Esse tipo de presença permanece dentro de você e o acompanha mesmo depois do encontro com a pessoa.

Por que alguns são visíveis, enquanto outros ficam na invisibilidade?

Outros aspectos que abordo neste livro são o poder curativo da presença e, seu exato oposto, as presenças nocivas e doentias. Face a estas últimas, sentimo-nos na escuridão. Elas encobrem ou diminuem nossa luz. Sentimo-nos mal. Veremos como enfrentá-las ou até transformá-las. Constataremos como alguns aspectos diminuem nossa segurança e plenitude, fazendo com que nossa presença se apague e, consequentemente, nosso impacto positivo se reduza ou se anule.

Este livro lhe servirá como um guia de *coaching* espiritual. Nos capítulos a seguir, exporei métodos práticos para fortalecer a sua autoestima e reconquistar o seu poder interior; com isso, você adquirirá as bases para aumentar a sua presença e enfrentar as sombras que o impedem de brilhar.

À medida que formos sendo e sentindo nossas presenças transformadoras, deixaremos de ser testemunhas impassíveis e passaremos a ser atores que agirão no mundo positiva e intensamente.

Parte I

O IMPACTO DE NOSSA PRESENÇA

1
O impacto de nossa presença

O poder da presença é o ato de poder vivenciar o momento presente, ser você mesmo e causar impacto ao seu redor. Quando está presente, você é consciente, fica alerta e atento. Observa: enxerga o visível e sente o invisível. Está conectado e tem empatia. Está conectado consigo mesmo, com os outros e com o universo, ou seja, com o ambiente que criamos coletivamente.

Quando é e está presente, você se sente pleno. Seu ser transborda de energia positiva. É como um raio de luz. Por onde quer que vá, a cada passo, você inspira confiança, alegria e esperança.

Seu impacto se amplia quando você está presente na realidade, sem se perder nela. Há pessoas que estão presentes exclusivamente no mundo de suas mentes e, por isso, vivem desconectadas da realidade que as rodeia. Perdem-se, absortas em suas elucubrações mentais. Já outras estão presentes no mundo da realidade, mas vivem desconectadas de suas mentes e de seu ser. Não estão conscientes nem daquilo que pensam. Funcionam no piloto automático. Dependem do exterior para ser, sentir e estar.

A realidade inunda ou transforma a sua mente? Ou então é a sua mente que transforma a realidade? Você consegue transformar a realidade com a sua presença? Ou vive na mente e no seu próprio mundo, criado por ela? Ao estar centrado na sua consciência, você pode, com isso, governar o leme para que a sua mente não o desoriente. Assim, viverá em UMA realidade.

Estar presente é não se perder na sua mente e nem nas situações que o rodeiam. É ser como uma ninfeia: seu caule está enraizado na terra debaixo da água estagnada, mas a flor vive e fica acima do lodo; não permite que o lodo a cubra. Se você estiver enraizado na sua consciência, o lodo das situações não o cobrirá e nem o desorientará.

Estar presente é não se perder na sua mente e nem nas situações que o rodeiam.

Suas convicções acerca do que é real podem deixá-lo confuso e levá-lo a crer que o que é falso é real e que o real é falso. Nem tudo o que reluz é ouro. Isso já é tema para um outro livro! Por exemplo, o que você acha que é a pessoa que está à sua frente não é nada mais do que a imagem que você interiorizou na sua mente e está projetando na realidade do outro.

O que Deus é provavelmente não coincide com a imagem de Deus que você tem na sua mente. Uma coisa é o que são Pedro ou Maria, e outra, a imagem interiorizada que você tem de quem é Pedro ou de quem é Maria. São realidades diferentes. Em qual delas você está presente? Com qual delas você se relaciona? Com quem você se relaciona, com a pessoa real ou com a imagem dela que você interiorizou na sua mente? Você está disposto a mudar de imagem e, consequentemente, deixar-se surpreender por uma nova realidade "mais real"?

A sua presença se intensifica quando você se libera dessas ilusões. Você se fortalece quando fica livre dos condicionamentos do mundo. Dissolve as tensões. Permite-se ser transparente sem fingir. Não emite juízos de valor e aceita. A partir da aceitação, abraça o momento presente e as pessoas tal como elas são e tal como elas estão.

> *Você se fortalece quando fica livre dos condicionamentos do mundo.*

Embora você não concorde com alguma coisa, aceitá-la o ajuda a não resistir contra o que existe. Dessa maneira, a sua presença é transformadora. **Você transforma com aceitação e amor.**

Ao contrário, com resistência, violência ou ira, você confronta, mas não transforma. Suscita atitudes defensivas que dificultam o diálogo e a compreensão. Sem compreensão, há conflito. Em conflitos, gastamos muita energia, esgotamo-nos, e a realidade parece descompor-se em separações, desgostos e sofrimentos. Em tais atmosferas, descarrega-se raiva, e a convivência dos relacionamentos se torna cada vez mais complicada. Ninguém se entende.

Se observarmos a situação mundial, perceberemos que há uma urgente necessidade de mudanças drásticas que nos tragam um mundo de relações harmoniosas. Há muitas presenças que espalham resistências, ódio, desamor, desejos viciantes e dependências da indústria do entretenimento (futebol, cinema, jogo etc.). Presenças estas que nos induzem a continuar dormindo ou ser espectadores que precisam ser estimulados para se distraírem. E ser consumidores passivos afetados exclusivamente pelo que está à venda. É o efeito M.N.D., como explica María Novo: Mantêm-Nos Distraídos. A indústria do entretenimento, a sequência massiva de espetáculos esportivos, por exemplo – e isso não quer dizer que deixemos de gostar de futebol –, faz com que nos mantenhamos distraídos e não participemos ativamente em transformar a realidade.

Como para muitas pessoas a experiência da realidade é difícil, encontramos um terreno propício para plantar vícios de consumo e dependência de entretenimento, com a finalidade de fazer as pessoas se distraírem e se "desconectarem" de suas realidades. Dessa forma, atrofiam-se a criatividade pessoal, a individualidade brilhante e a contribuição construtiva de cada um para o mundo.

Há muitos negócios que se alimentam de manter as pessoas distraídas e entorpecidas. Vivem de M.N.D. Mantêm-nas no barulho do estímulo, longe do silêncio que permite uma reflexão profunda e criatividade autêntica.

Quando um indivíduo se emociona porque a bola entra no gol, fica angustiado porque fulano correu menos ou aborrecido porque sicrano caiu e se diverte quando alguém pula, perdendo-se nessas emoções e esquecendo-se de si mesmo, é sinal de que ele está dormindo. Seu estado de espírito depende completamente do que ele está consumindo, isto é, do que está vendo ou escutando. Ele não é dono de suas emoções, tendo cedido seu poder pessoal para a indústria do entretenimento e as distrações.

Não há nada maior e nem mais necessário na vida do que despertar do profundo sono em que o ser humano está mergulhado, afirma Graf Dürckheim[1].

Até quando estamos despertos e conscientes do mundo que nos cerca, é como se estivéssemos dormindo e impossibilitados de enxergar o mundo tal como ele é, incapazes de ver os outros como eles realmente são e os acontecimentos sob sua verdadeira luz. Vemos, percebemos e interpretamos a realidade a partir de nossas convicções erradas, nossa dependência dos estímulos externos e nosso apego a identidades falsas.

Não há nada maior e nem mais necessário na vida do que despertar do profundo sono em que o ser humano está mergulhado.

Graf Dürckheim

Nossos olhos estão fechados para a verdade; por isso, andamos dormindo pela vida e nem sequer sabemos disso. Por causa de convicções erradas, criamos alguma forma de sofrimento ou dor em algum âmbito íntimo, mas suportamos tal dor acreditando que deve ser algo normal. Ficamos esperando chegar algum salvador para nos resgatar daquele sofrimento e nos oferecer o verdadeiro amor, mostrando-nos o caminho que se deve seguir para viver com prazer e bem-estar. Somente quando o sofrimento se torna muito intenso admitimos que temos de fazer algo e que é responsabilidade nossa sair dele.

Cada um de nós tem de salvar a si mesmo. É claro que podemos nos apoiar uns aos outros para deixar de ser consumi-

---

1 GRAF DÜRCKHEIM, K. *Vom Doppelten Ursprung Des Menschen*, apud ZUNIGA, G.

dores e espectadores e passar a ser atores cuja presença mude o mundo. Para isso, devemos nos dar conta de que cada um de nós tem de dar os passos necessários. O fato de se dar conta já é um grande avanço. Enquanto estamos dormindo, não vemos o que está acontecendo e, ao contrário, quando nos damos conta, é como se estivéssemos acordando. Nesse ato de se dar conta reside a possibilidade de mudança: de uma mudança de atitude, consciência e motivação na ação. Você já não age mais pelo rancor provocado pela dor, pela raiva provocada pela decepção, mas sim se baseando nos valores que estão no coração do seu ser. Age com a sabedoria que brota da compreensão. Já não quer mais semear rancor e nem raiva pelo mundo.

Definitivamente, você deixa de ser um mendigo que pede, necessita e deseja e passa a ser um doador que concede, dá e colabora. Começa a ser criador da sua realidade e de uma realidade mais sustentável para todos. Quando age movido por amor, você transmite uma energia curativa, porque o amor cura. Em quase todo coração humano encontramos dor, raiva, sofrimento ou tristeza.

Quando age em função de suas fraquezas, sentindo-se vítima, você está pedindo: quando sente medo, na verdade você está buscando proteção; com a ganância, você almeja sempre ter mais; com o egoísmo, o que você está pedindo é atenção, querendo poder e privilégios. Tem a consciência do "necessito", "quero" e "peço".

Quando a sua vida está espiritualmente plena, você age em função dos seus valores.

Quando, ao contrário, a sua vida está espiritualmente plena, você age em função dos seus valores. Na plenitude, você oferece amor, paz, tranquilidade, serenidade, felicidade e alegria. Para de ser aquele que pede e se torna aquele que oferece e dá. Deixa de ser o consumidor-espectador e passa a ser o ator-doador, servidor e transformador. Com amor autêntico e abnegação, você faz fluir uma energia curativa e revitalizante que é necessária. O mundo precisa de presenças amorosas e consoladoras.

Você talvez se pergunte se, ao morrer, gostaria de deixar o mundo um pouco melhor do que o encontrou ao nascer ou então deixá-lo igual ou pior. Com certeza, você gostaria de deixá-lo em melhores condições – é por isso que está lendo este livro e imaginando então que tipo de presença você quer ter no mundo.

Quando o medo nos domina, não conseguimos ser criativos e nem provocadores.

As pessoas cuja presença melhora o mundo provocam mudanças. Não temem a opinião dos outros. A simples presença delas suscita reflexão e abertura de consciência. Apresentam mais perguntas do que soluções. Não temem ser diferentes e nem ficar sozinhas. Isto é, não temem ficar "sem seguidores" por tomarem decisões provocadoras. Amam o mundo e querem o melhor para todos. Quando o medo nos domina, não conseguimos ser criativos e nem provocadores.

Mahatma Gandhi sugeria que, ao tomarmos uma decisão, pensássemos se ela beneficiaria também o mais pobre. Suas palavras foram: "lembre-se do rosto da pessoa mais pobre e fraca que você já viu e pergunte-se se o passo que está pensando em dar trará alguma utilidade para ela". Segundo Gandhi, a pedra de toque de qualquer ação proposta era a forma como ela afetaria o indivíduo mais vulnerável. Portanto, não era uma questão ideológica e geral, mas sim humana e individual. Por ora, os ricos estão cada vez mais ricos, e os pobres, cada vez mais pobres. Se seguíssemos o conselho de Gandhi, nossas ações teriam um impacto melhor e contribuiríamos para reduzir essa desigualdade.

Ela Gandhi relembra as palavras de seu avô: "o objetivo supremo é acabar com a linha divisória entre riqueza e pobreza. Para consegui-lo, é preciso acabar com esse consumismo feroz. Meu avô sempre dizia que no mundo há o bastante para satisfazer as necessidades de todos, mas não a avidez de todos"[2].

Podemos escolher ser parte do problema ou da solução. Para fazer parte da solução, você deve ousar abandonar certos estilos de vida insustentáveis e provocar mudanças na sua vida, mudanças que o levem a vivenciar o respeito pela vida e pela não violência. Sem opressão, sem fardos e com rapidez florescerá a sua capacidade criadora de espaços de prazer saudável.

Você pode ser um líder inspirador.

Que tipos de presença são necessários no mundo para mudar essa espiral de pobreza, violência e desarmonia?

Precisamos de líderes inspiradores, que entusiasmem com confiança, visão e integridade em suas vidas. Que vivam aquilo que pregam. *Você* pode ser um líder inspirador. Pode começar se inspirando, já que só quem está inspirado consegue inspirar os outros. Ao inspirar alguém, você não o força e nem lhe impõe nada.

---

2 SANCHÍS, I. *El don de arder.*

Há pessoas que, quando cruzam nosso caminho, inspiram-nos. A presença delas abre os nossos olhos para uma outra forma de enxergar, o exemplo delas nos dá a esperança de que uma mudança positiva é possível e as palavras delas nos dão forças para não jogar a toalha. Em tais momentos, a pessoa em questão se torna uma fonte de inspiração que desperta nossa criatividade para sermos quem realmente somos e ousarmos decidir, falar e agir. Deixamos de ser vítimas das circunstâncias e passamos a ser responsáveis e criadores de nossa realidade. *Você* pode ser uma dessas pessoas que, pelo caminho, inspiram os outros.

Um líder inspirador cria espaços nos quais as pessoas podem explorar, experimentar, ampliar suas capacidades e improvisar. São pessoas criadoras de culturas de aprendizagem afetiva. São indivíduos que colaboram genuinamente. Quando um líder consegue inspirar um trabalho de cooperação alegre, eficaz e pleno, atinge resultados transformadores. Para alcançar tal nível de cooperação, ele deve respeitar, envolver e escutar as pessoas. Deve lhes lançar desafios para que elas pensem e enxerguem além de suas limitações pessoais. E não pode esquecer a importância de recompensá-las com valorização e gratidão.

Inovar na relação pessoal significa descobrir a cumplicidade nos relacionamentos amorosos, amigáveis e de cooperação.

Outrossim, atualmente, tanto as pessoas, sejam elas líderes ou não, quanto os grupos e organizações se veem na necessidade de inovar. Não podemos continuar recriando as mesmas coisas a partir do velho paradigma do consumismo irrefreável. Trata-se de inovar a nossa forma de ganhar, gastar e poupar dinheiro. Nossas maneiras de fazer negócios. Inovar na relação pessoal significa descobrir a cumplicidade nos relacionamentos amorosos, amigáveis e de cooperação.

O esforço de inovação exige um tipo de aprendizagem diferente, que não seja uma mera adaptação aos desafios e à resolução de problemas. Pelo contrário: esse tipo de aprendizagem se alicerça na imaginação de possibilidades e na idealização de novas formas de ver o mundo. **A inovação exige estar disposto a pensar de forma alternativa. Ela implica um enfoque afetivo, a habilidade de vislumbrar possibilidades radicais e a disposição a ultrapassar os limites dos problemas.**

O mundo precisa de pessoas que vislumbrem essas possibilidades radicais e cuja presença seja inspiradora. Serão pessoas com uma presença estimulante, facilitadora, mentora, uma presença que acompanhe, sirva, integre e harmonize. Uma pessoa como essa conhece a si mesma. Com autoconhecimento, ela gera espaços de compreensão que são como um espelho em que cada um se vê refletido e se compreende sem se sentir julgado e nem assustado pelo que está vendo, sentindo-se, ao contrário, incentivado a contribuir com o seu grão de areia para melhorar o mundo ao seu redor.

Precisamos de visão, compromisso e inspiração, especialmente agora que estamos presenciando o desmoronamento do sistema. As estruturas econômicas baseadas em cobiça e medo já não funcionam mais. Estamos assistindo à imperativa necessidade de pôr fim ao consumo excessivo, ao individualismo desrespeitoso para com os outros e o meio ambiente, às culturas patriarcais e à opressão de uns sobre os outros. Podemos observar os prejuízos que obviamente são causados e continuar sendo espectadores. Ou admitir que o sistema baseado em especulação e bolhas insustentáveis está entrando em colapso e que temos diante de nós a oportunidade de reinventar a maneira de liderar e viver nossas vidas sendo atores que influenciam ativamente a criação de uma realidade melhor.

Que valores sustentarão essa necessária reinvenção? Generosidade, solidariedade, respeito e, sobretudo, o valor da vida humana. Além disso, precisamos de ousadia. Devemos nos reinventar com visão, e não tanto planejamento, visto que os planos de ontem já não servem para o amanhã. Com inspiração, já que sem ela toda execução perde o impulso necessário para ser eficaz. Com ousadia, para superar o medo, a insegurança e a tendência ao controle que ainda impera em muitos âmbitos e que nos impede de aceitar e assumir a responsabilidade da mudança.

Para nos inspirar, devemos nos entusiasmar. A palavra entusiasmo provém do grego "em *Theos*" (em Zeus). Estar entusiasmado é ser impulsionado pela energia de Deus. A partir desse espaço de entusiasmo, observamos a realidade material, mas permanecemos conectados com valores intangíveis, com a realidade espiritual. Na experiência transcendente, mantemos as forças positivas ligadas ao nosso ser e não afundamos nos mares agitados das situações caóticas de um mundo em transição.

Para nos inspirar, devemos nos entusiasmar.

Uma pessoa com presença reconhece os outros, isto é, enxerga-os. Sua presença ama, influencia e causa impacto. É uma presença transformadora. Seu impacto na realidade é que ela a transforma: constrói um presente e um futuro melhores.

Parte II

A presença transformadora

2
A PRESENÇA TRANSFORMADORA

Que pena que, por acreditar que faz pouco, você não faça nada.

Burke

Vivemos tempos turbulentos nos quais é fácil ficar desorientado e se desviar de seu rumo. Nesse contexto, é necessário, hoje mais do que nunca, reconquistar inspiração, entusiasmo e incentivo, para seguir em frente criando juntos uma nova realidade.

Precisamos de clareza, confiança em nós mesmos e autoestima para nos mantermos no caminho certo sem nos perdermos. Precisamos de capacidade de comunicação, segurança, determinação e coragem se quisermos sobreviver a esses tempos com saúde e equilíbrio.

À medida que vamos vendo e sentindo a necessidade de uma mudança, sendo capazes de demonstrar que ela é benéfica para os outros, ganhamos uma influência maior. Às vezes parece difícil, pois as pessoas ao seu redor não percebem e nem entendem essa necessidade. Nessas circunstâncias, é fundamental que você acredite profundamente nos benefícios que a mudança lhe trará. Quando o desejo de alcançá-la é mais forte do que a sua insatisfação presente, você encontra a energia necessária para dar o primeiro passo.

Pode ser que algumas pessoas não o entendam, não o apoiem e o critiquem. Também é possível que a mudança acarrete certos gastos, necessidade de explicações ou um sentimento de solidão. Eu chamo tudo isso de custo da mudança. O que é que nos ajuda a arcar com o custo da mudança? Ficamos dispostos a pagar esse custo quando o descontentamento presente é maior do que o que esse custo representa e quando o ideal futuro é poderoso e atraente.

Enquanto a insatisfação do momento atual for "tolerável", a pessoa costuma preferir não mudar e permanecer na zona de conforto sem assumir riscos.

Quando o mal-estar que um indivíduo está sentindo o incita a mudar, ele também precisa ser capaz de controlar seu processo interior para que ocorra uma verdadeira transformação. É um autocontrole que deixa claro o que ele quer no futuro e se dedica a isso com energia e determinação. É capaz então de conduzir a mudança externa, bem como a interna.

Uma vez iniciada a mudança, é mais fácil quando se encontra um mapa que nos acompanhe durante o processo de transição e nos mostre alguns indicadores que nos guiem até a luz. Ter um mapa é de grande ajuda para percorrer o caminho, saber onde se está e até onde ir. Porém, é preciso saber ler e entender o mapa, estando consciente de que o mapa não é o território.

Vejamos algumas características e valores de uma pessoa que tenha presença transformadora. Vamos ver como é uma pessoa capaz de influenciar e transformar, o que ela oferece, o que faz e o que pratica.

Presença brilhante

Quando se sente pleno, você brilha com autenticidade.

Uma pessoa cuja presença é brilhante pratica e vivencia qualidades e valores essenciais. Brilhar é o resultado de uma Presença integrada. A pessoa integra suas sombras e suas luzes, sua história, suas contradições explícitas e seus diferentes eus. Com essa integração, ela vivencia a unidade em sua própria diversidade. E nessa unidade está a força de seu brilho.

Uma presença brilhante traz a luz que lhe abre a possibilidade de despertar para o que você pode ser e fazer. A luz de uma pessoa brilhante faz você sair das sombras, se quiser. E, mesmo que não queira, o fato de poder ver e decidir facilita a sua vida. Só depende de você abrir os olhos para enxergar.

A Bíblia já nos cita essa possibilidade. "A luz veio ao mundo, e os homens preferiram as trevas à luz, pois suas ações eram más. Quem pratica o mal odeia a luz e não se aproxima dela, para que suas ações não sejam reveladas. Quem age lealmente se aproxima da luz para que se veja claramente que está agindo de acordo com a verdade" (Jo 3,19-21).

Quando temos consciência de estar agindo ou ter agido mal, de ter más intenções, preferimos ficar na sombra e não brilhar. Costumamos nos reprimir. Uma presença luminosa é, ao contrário, íntegra e não tem nada a esconder. Aceitar e integrar nossas sombras em nossa vida nos ajuda a ser mais luminosos; para isso, devemos sair e enfrentar sem medo os "demônios" internos. Entramos em um combate espiritual interior, no qual é importante ficar atento e alerta. Estar desperto para não se deixar levar pela força dos medos, da raiva, dos desejos e dos hábitos que nos aprisionam e nos afastam do essencial.

Para que a sua presença seja brilhante, você precisa ter a capacidade de se liberar das influências que o reduzem e o apagam; daquelas que diminuem a sua capacidade de amar, brilhar, perceber, sentir-se livre e estar em paz. Essas influências vêm de fora e também do seu passado e dos seus hábitos.

Para que a sua presença seja brilhante, você precisa ter a capacidade de se liberar das influências que o reduzem e o apagam

Para se liberar, você deve ser firme, manter-se nos trilhos e não permitir que tais influências o desviem e nem o descarrilhem. Ser firme é estar enraizado no seu ser e ser flexível para não se quebrar com o vento das influências externas.

Tenha uma presença brilhante

- Ouse aparecer. Não se esconda.
- Não tenha medo do ridículo. Não tema a rejeição e nem a incompreensão. Você sabe por que está fazendo o que faz. Faça-o com brilho. Acredite em si e nos seus bons propósitos.
- Proteja-se de pessoas cuja influência o diminua. Aprenda com elas e fortaleça-se para que, em presença delas, não lhe façam sombra. Elas lhe servem de mestres, fazendo você reformular suas bases e raízes. Ajudam-no a se conectar com estas últimas para se manter firme e não ceder. É bom se relacionar com quem o respeita e valoriza pelo que você é. Tais pessoas o ajudam a brilhar. Porém, aquele que, com sua presença, lança-lhe desafios é quem o impulsionará a seguir um caminho de fortalecimento pessoal.
- Escreva afirmações sobre o que faz você brilhar. Por exemplo:

  – A grandeza do mar me inspira a largar o que me prende e levantar âncora para explorar novos horizontes.

  - Acredito que cada desafio surge porque sou capaz de enfrentá-lo.

  - Sou livre para ser feliz.

  - Respeito minha intuição.

  - Permito-me sentir.

  - Tenho o direito de ser eu mesmo. E sou.

- Sou forte e posso ser. Posso estar. Posso fazer. Eu posso.

- Sou autêntico e vivo a minha própria vida.

Escreva as suas e medite sobre elas toda manhã para assimilá-las e praticá-las durante o dia.

• Passe em revista suas ações: se às vezes você faz coisas que prefere esconder, talvez seja melhor não fazê-las. Aja sempre com clareza e honestidade, pois isso mantém o seu brilho.

• Olhe para o seu interior. Isso ajudará você a se centrar. Se, em vez de olhar para dentro, você ficar se comparando com os outros e se distraindo com o que está acontecendo ao seu redor, o alcance e a intensidade do seu brilho diminuirão.

Presença de plenitude

Quando você está em um estado de plenitude, a sua presença tem influência.

Você está conectado com suas raízes: com sua essência. Vivencia os valores que o movem e dão sentido à sua existência. Cuida dos outros e é prestativo, sem desejar impor, mas sim compartilhar. Alimenta as convicções que lhe permitem ser e fluir. Questiona e descarta aquelas que o limitam e impedem de brilhar. Brilha quando se sente pleno.

O estado de plenitude leva você a um estado de prazer, felicidade, tranquilidade, harmonia, bem-estar e amor; é um estado no qual você fica leve, flui e se sente livre internamente. Não carrega fardos, agonia e nem estresse. Sente-se, ao contrário, etéreo como a luz, luminoso como um anjo e com uma atitude positiva que o incita a estabelecer um compromisso com a realidade.

Evitar os vazamentos

Para se sentir completo, pare de buscar lá fora o que está em seu interior desde sempre. Você já nasceu com isso, mas ninguém lhe ensinou a olhar para dentro, e assim você passou a vida buscando no exterior. Tal atitude provoca pelo caminho desencontros, decepções e insatisfação.

Para se sentir completo, pare de buscar lá fora o que está em seu interior desde sempre.

A insatisfação resulta de um vazio interior que você quer preencher. "A busca no plano das aparências não abranda a sede daquele 'algo' que não se pode definir com precisão. Enquanto um indivíduo não descobre o 'ser' e não vive nesse 'centro', falta-lhe o mais importante. Ele sofre. As pessoas buscam a 'água da vida' que mate definitivamente a sede delas. No entanto, buscam-na no lugar errado. Não se pode alcançar a plenitude com coisas"[3].

Se você se assemelhar a um balde furado, não importa quanta água seja despejada, o balde nunca se encherá. Ao correr atrás dos desejos provocados pela insatisfação, você acaba

3 ZUNIGA, G. *Está todo ahí.*

deixando de estar presente. Fica esperando conseguir alguma coisa e, quando a consegue, ela se dissolve em poucos instantes como açúcar na boca. Permanece em um estado de contínuo desejo. E a insatisfação parece insuperável.

Outros vazamentos de energia que secam você são os medos, a insegurança, o apego e a dependência. Eles bloqueiam ou afastam você da experiência de amor, paz, liberdade e felicidade. É necessário enfrentar e superar tais estados para que haja mais harmonia e plenitude na sua vida.

Para tapar os buracos do balde, no âmbito pessoal, você deve deter pensamentos inúteis, parar de alimentar sentimentos negativos e fortalecer atitudes positivas. Nas relações com os outros, é preciso evitar conversas inúteis e não se contentar com queixas, críticas e culpas. É importante prestar atenção no que você pensa, sente e compartilha.

Trata-se de perceber e estar consciente de que você é o criador dos seus pensamentos e sentimentos; que um pensamento pode bloquear a sua capacidade de se sentir pleno e realizado e que um pensamento pode levá-lo a ficar triste ou aborrecido. Um único pensamento pode ser a chave para abrir as portas dos valores do ser. Tem de ser um pensamento puro, poderoso, claro e concentrado. Você deve acreditar nesse pensamento. Você cria aquilo em que crê.

Você é o criador dos seus pensamentos e sentimentos

Fortaleça-se

Para superar os estados que o levam a se esvaziar, é imprescindível cultivar seus próprios valores, alimentar a alma e assim se fortalecer. Uma vez fortalecida, a alma alcança um estado de plenitude no qual a vida tem um sentido: a pessoa ama a sua vida e o que faz.

Você se fortalece conhecendo-se e aprendendo a governar suas energias internas. Ao compreender de onde vem o que você pensa, o que sente e até onde o levam seus pensamentos, você aprende a dominar o seu universo interior.

Fortalecer a sua capacidade de respeitar e amar a si mesmo ajudará você a criar e manter sua plenitude. Ao aumentar sua autoestima, fica mais fácil superar os medos e reconquistar seu poder interno.

Face ao imprevisto

Sempre pode acontecer qualquer coisa no instante seguinte ao que você está vivendo, mas, ao se preocupar com o que pode ocorrer, você perde a plenitude do momento presente. O mesmo vale quando você lamenta o que já passou ou reclama do que está sucedendo agora.

Quando acontece algo que você não estava esperando, abraçar o imprevisto e aceitar a mudança ajuda você a continuar brilhando na plenitude do instante presente. Para isso, você tem de tolerar o contratempo, a mudança, a situação ou as pessoas. Tolerância, entendida não como o ato de aguentar e suportar algo que você não deseja, mas sim como aceitação e plena compreensão, com a qual há abertura ao diálogo e à mudança. Às vezes, em vez de tolerar, aguentamos, pois não sabemos pôr limites, e, sem perceber, deixamos de brilhar. Ao assumir fardos que não condizem conosco, perdemos a capacidade de diálogo, e a mudança se torna brusca e difícil.

Ao tolerar com compreensão e autoconfiança, você sabe traçar limites respeitando a si mesmo. Tem então a capacidade de enfrentar o que a vida lhe reserva. A combinação de tolerância com capacidade de enfrentar lhe dá a segurança e a convicção de que você conseguirá, seguirá em frente e alcançará o seu objetivo.

Uma mente tranquila pode encontrar em seu silêncio as soluções criativas necessárias para tolerar, enfrentar e mudar. No silêncio, a mente cria com plenitude. Com estresse, pressão ou confusão, a mente pensa muito, mas não acha as soluções criativas que permitem que você se sinta pleno com suas decisões e ações e nem valorize as repercussões das mesmas na sua vida.

No silêncio, a mente cria com plenitude.

Cultivar e exercer a sua capacidade de reflexão o ajudará a não reagir de forma imediata com medo e insegurança, mas sim responder com valores tais como amor, paz, respeito, escuta, tolerância, criatividade e força interna. Trata-se de reações que provêm da plenitude do seu ser. São respostas não violentas que geram harmonia ao seu redor. São respostas de uma presença plena.

Vivenciar a plenitude

Para vivenciar a plenitude, o que você pensa e o que você sente têm de estar em sintonia. O diálogo entre a mente e o coração tem de fluir. Quando seu raciocínio diz uma coisa, enquanto você sente outra, pode surgir um mal-estar interior que o afasta da plenitude. O diálogo interior é importante para que você veja as coisas com clareza. Tire um tempo para compreender de onde provém cada voz que lhe está falando interiormente. Uma pessoa que vive com plenitude experimenta um equilíbrio entre sua mente e seu coração.

Os valores são o eixo da sua vida, e, para viver com plenitude, você tem de senti-los. Não basta acreditar neles. Quando passarem a fazer parte da sua vida cotidiana, você se sentirá pleno. Para isso, você tem de lidar com as emoções que o afastam de seus valores, tais como a raiva ou o medo. Comece observando o que é que diminui a sua presença de plenitude, por exemplo: confusão mental, pensamentos negativos, o fato de se culpabilizar, preocupações, projeções e comparações de si mesmo com os outros. Uma vez que reconhece que está vacilando, você procura compensar, neutralizar, eliminar ou deixar de alimentar esse estilo de vida que o afasta de sua plenitude.

A inteligência emocional ajuda você a dominar suas emoções. Também é importante manter a mente calma para não se precipitar em demasiados pensamentos descontrolados. Além disso, para desenvolver sua independência pessoal, você precisa fortalecer os poderes que o ajudarão a enfrentar obstáculos, resolver problemas e lidar com influências negativas, no intuito de não sucumbir a elas.

Para que sua presença seja plena e você viva o presente com a máxima plenitude do seu ser

- Esteja consciente e responsabilize-se por como você está, como é, o que sente e o que faz.
- Escute a sua intuição e a voz do seu coração. Não do coração que bombeia o sangue, mas sim do coração do seu ser. Seu centro. Isso significa escutar a voz da sua sabedoria interior. Do seu desejo essencial: aquilo que a sua alma realmente almeja, distinguindo-o dos desejos da mente que distraem e prendem você. Pergunte-se: o que é que dá sentido à minha vida? Qual é o meu desejo essencial?
- Viva e aprecie o presente.
- Alivie os fardos que você traz do passado. Largue para trás o que vem do seu passado e que não lhe serve mais. Perdoe. Faça uma limpeza. Você só poderá virar a página se tiver perdoado. Assim, você conseguirá fazer com que o que ocorreu então já não o afete mais no presente. Por mais inaceitável que considere o que aconteceu, se insistir nas razões pelas quais o considera inadmissível, você ficará preso a isso. Sua raiva não resolverá as injustiças, mas, ao contrário, criará mais dor e até mais injustiças. O ódio envenena. É uma emoção incendiária que destrói a capacidade de agir com dignidade e nobreza. Perdoe e libere-se para viver com a máxima plenitude do seu ser.
- Visualize um futuro melhor, com um claro propósito e a determinação de consegui-lo.

- Mude seus hábitos prejudiciais e não saudáveis. Faça uma lista dos hábitos que são como aqueles furos pelos quais escoa a sua energia. Que diminuem a sua autonomia. Que o enfraquecem. Decida mudá-los. Para isso, peça ajuda se precisar. Elabore um plano. Em três meses, você pode mudar seus hábitos. Alguns até podem ser modificados em 21 dias.
- Concentre-se em criar hábitos saudáveis.
- Vivencie seus valores. Ou seja, pratique os valores que são importantes para você, que são o eixo da sua vida. Dê importância ao ato de senti-los, expressá-los e vivenciá-los.
- Coloque-se perguntas positivas.
- Acredite em si e ouse ser você mesmo, apesar de todas as consequências disso.
- Tenha fé e confiança. O universo quer o melhor para você.
- Reconquiste a sua espiritualidade. Incorpore a energia sagrada e divina à sua vida cotidiana. Aprenda a transcender.
- Aproveite o silêncio: sua mente se acalma e, nessa tranquilidade, floresce a criatividade.
- Mantenha a esperança.
- Entusiasme-se. Inspire-se. Se passar três dias sem ficar inspirado, reflita sobre o que lhe está faltando e incorpore-o. Observe o que você tem de parar de fazer e pare.
- Medite, no intuito de olhar para dentro e atingir todos esses objetivos.

Presença de prazer

Quem não é feliz com pouco não será com muito.

Lao Tsé

Em 2010, dei um seminário em uma das escolas de administração de empresas de Barcelona. O tema discorria sobre a felicidade no trabalho. Os alunos eram jovens de diferentes países que estavam cursando pós-graduação em administração de empresas. Falei sobre a diferença entre a verdadeira felicidade, a que nasce de dentro, e a felicidade aparente, que é uma reação ao estímulo provocado em nós por aquilo que estamos observando e vendo. Quando lhes pedi para lembrarem algum momento de felicidade verdadeira, constatamos que até então todos viviam com a ideia de que a felicidade era um estímulo. Se o meu time ganha, fico feliz. Se perde, fico triste.

Por esse motivo, eles acharam difícil evocar momentos nos quais a felicidade deles tivesse surgido a partir de uma reflexão pessoal ou compartilhada, de uma autossuperação bem-sucedida ou da própria criatividade deles. Todos se lembraram de muitos momentos nos quais haviam ficado felizes por causa de algo que ocorrera fora de si e os estimulara. Descobriram que essa não era a felicidade autêntica, pois dependia de fatores externos, que estão em constante mudança.

Não estamos acostumados a sentir e acreditar que a felicidade seja uma experiência temporal e passageira. Costumamos viver mais tempo em estados de não felicidade e desejando que nos estimulem de novo para encontrarmos a felicidade.

Fomos educados para que nosso estado emocional e mental dependa dos estímulos exteriores. Nossa alma permanece inconsciente, e vivemos nas ondas dos estímulos. **Quando não recebemos estímulos, ficamos entediados.** Por isso, precisamos ir ao cinema, a jogos de futebol, *shows* e bares. Precisamos tocar, cheirar e tudo aquilo que estimule nossos órgãos dos sentidos. Sem esses estímulos, sentimos que nos falta algo.

Não alimentamos nossa consciência e nem cultivamos nossa capacidade criativa. Achamos difícil nos aprofundar. Fugimos do silêncio e da verdadeira reflexão. Ainda que você, por sua vez, certamente não fuja deles, pois nesse caso não estaria lendo este livro. Parabéns e obrigada por me acompanhar nestas reflexões.

Federico Mayor Zaragoza dividiu recentemente comigo sua preocupação com o fato de que, em sua maioria, as pessoas na Espanha e na sociedade ocidental são espectadoras. Não são atores que agem no mundo e o transformam. Limitam-se a se deleitar com o fato de serem entretidas como espectadoras. Em suas próprias palavras: "a maior parte das pessoas é mais testemunha do que cidadã que participa e reage".

Precisamos de atores com presença que ajam no mundo e o transformem. Que despertem consciências e mobilizem energias positivas.

Gozar e saborear o momento presente implica ter a mente sob controle, estar concentrado e focado no que você está fazendo agora.

Levando em conta que você precisa desfrutar, ser feliz, rir e se divertir, a questão é como você satisfaz essa necessidade. Gozar e saborear o momento presente implica ter a mente sob controle, estar concentrado e focado no que você está fazendo agora. Ser você mesmo. Ao fim e ao cabo, a única coisa que você tem é você mesmo, sua mente e o momento presente. No entanto, a indústria do entretenimento não favorece essa conquista de independência pessoal, mas, ao contrário, provoca estímulos que o distraem da sua essência, fazendo-o se esquecer de si mesmo. De fato, isso é o que muitas pessoas buscam: esquecer-se de si mesmas, porque estão confusas ou porque o abismo ou vazio interior que estão sentindo lhes parece intolerável. E a única coisa que conseguem ao se distrair é adiar um trabalho pessoal que as ajudaria a melhorar, limpar ou curar. As distrações não resolvem a situação de vazio existencial delas. Além disso, tais atividades supõem um custo econômico adicional e, às vezes, uma piora da saúde e qualidade de vida delas.

Existem outras formas de estimulação e "distração" mais saudáveis, já que alguns estímulos chegam até a alma porque nascem de uma criação artística, musical, ou de um espaço de amor e paz.

O importante é **não confundir o que é deleite produzido por um estímulo e o prazer espiritual.** O prazer é a felicidade suprassensorial. Ou seja, a felicidade que se vive sem necessidade de estimular os órgãos dos sentidos. Sem necessidade de ver algo em especial, tocar, degustar ou escutar algo de concreto. A maioria tem essa capacidade de sentir prazer atrofiada. Só são capazes de desfrutar se tocarem, virem, escutarem ou fizerem algo de concreto. Por isso, desenvolveram uma dependência de estímulos e entretenimento.

A dependência e o apego impedem você de vivenciar o prazer. Apego é o desejo do que não existe. Você pode ser apegado às lembranças do passado, ao que foi e já não é mais, ao que havia e já não há mais. Ao ficar preso a essas lembranças, é impossível gozar o presente. O apego também pode envolver até o que há e o que você tem no momento presente: você não quer perdê-lo e acaba sendo invadido pelo medo da perda.

O certo é que você não pode se apegar a nada, pois tudo está em contínua mudança. Porém, a ilusão da posse é tal que acreditamos ter e ser o que possuímos. Quando o perdemos, invade-nos uma tristeza por causa do vazio de algo que pensávamos possuir. Contudo, na realidade, o que tínhamos era mais a imagem do objeto ou da pessoa, e não a pessoa ou o objeto em si. Confundimos a realidade que a nossa mente cria com a realidade que está lá fora.

Costumamos sofrer porque consideramos como reais as fantasias da nossa mente. O sofrimento resulta do apego, do sentimento de perda e do vazio existencial. As expectativas e desejos causam nosso sofrimento.

...do apego, do sentimento de perda e do vazio existencial.

O *Bhagavad-gita* descreve esse estado. "O apego nasce da satisfação dos prazeres dos sentidos; do apego resultam desejo, luxúria e a ânsia de possuir; e isso leva à ira" (BG 2, 62). "O desejo obscurece tudo" (BG 3, 38). Em contrapartida, "só pode encontrar a verdadeira paz uma pessoa que tiver renunciado a todos os desejos de contentar os sentidos, que viva livre de desejos, que tenha renunciado a todo senso de posse e que esteja desprovida de falso ego" (BG 2, 71).

O desapego permite que você supere o egoísmo pessoal. E, com essa superação, possa aceitar e sentir prazer. O não apego o leva a vivenciar o prazer. O desapego é não simular que há o que não há, mas sim apreciar e desfrutar do que há. Nesse estado, a sua presença é leve e gostosa. Os outros gostam de estar com quem transmite prazer, está de bom humor e os aceita sem julgá-los.

Como se alcança esse estado? Procurando viver olhando a realidade de frente e não se prendendo a nada. Se não se agarrar a nada, se não temer perder nada, você será livre para fluir como a torrente de uma montanha: sempre fresco, vivaz e mutável. Assim, pegará gosto pela novidade, mudança e incerteza; somente dessa forma se dissipará o seu medo de perder algum familiar e conhecido, e você aguardará e acolherá com esperanças o novo e o desconhecido. Essa é a base para gozar o momento presente. **Viver o presente é uma das melhores maneiras de vencer as preocupações e os medos.**

Viver o presente é uma das melhores maneiras de vencer as preocupações e os medos.

É possível que você se veja em situações difíceis com as quais tem de lidar, mas, se se preocupar que as coisas vão piorar, acabará antecipando o futuro e vivendo de forma pior o momento presente. Tenha confiança que a vida lhe deu recursos internos para enfrentar o que der e vier. E concentre-se em viver o presente da melhor forma possível. Dependendo do espaço com o qual você se conecta no momento presente, se ele for adequado, você verá que tudo é melhor do que você pensava. Então, a resposta à pergunta "está tudo bem com o seu universo pessoal e relacional?" é "sim". Um sim porque você está aprendendo, um sim porque as circunstâncias o ajudam a se fortalecer, um sim porque uma doença ou determinada situação lhe abre espaço para reformular o seu estilo de vida.

Se a sua resposta for "não", procure descobrir de onde vem esse "não". Pode ser um não, as coisas não andam bem, porque você espera que fulano seja diferente, a situação mude, e se preocupa com coisas que geram ansiedade. Suas preocupações vão mudar a realidade? Ou simplesmente enchê-lo de angústia? Se não tivesse tais expectativas, você estaria bem?

É possível que haja uma insatisfação que o leve a não se sentir bem. Existe uma insatisfação sadia que o incentiva a não se acomodar e mudar. É bom distingui-la de outro tipo de insatisfação, que surge quando você fica ancorado a queixas, preocupações, raiva ou outras emoções nocivas.

Viver o presente com esse estado emocional negativo é incômodo e doloroso. Compreender as raízes do seu mal-estar e soltar as amarras perdoando, não se apegando, ajudará você a viver o presente em um espaço mais sadio. O presente é a dádiva que você tem aqui e agora. Desfrute-o.

Para que a sua presença fique repleta de prazer

Para viver o estado de paz descrito pelo trecho citado do *Bhagavad-gita* (2,71), recorra ao silêncio.

- Acalme sua mente.
- Escute a si mesmo.
- Trate-se com carinho.

- Não se force.
- Suscite pensamentos repletos de beleza, que o animem e entusiasmem.
- Pare de reclamar e comece a apreciar e valorizar o que você tem.
- Perceba e aceite que você não pode forçar as pessoas e nem as situações a satisfazerem os seus desejos.
- Reflita sobre suas expectativas, desejos e projeções. Respeite o espaço e a liberdade de ação de cada um. Isso acabará com medos, reduzirá a ansiedade e ajudará você a desfrutar o presente.
- No silêncio, você se fortalece para se relacionar com os outros sem barreiras e sem medos.
- Não confunda estados de euforia, emoções fortes ou estímulos com o verdadeiro prazer. O prazer é divino, transcendente, pleno. É um estado silencioso, sadio, intensamente vibrante, muito elevado e poderoso. Se você se esforçar para atingi-lo, descobrirá o estado de plenitude que pode alcançar. Você pode vivenciá-lo no presente. Encontre momentos para criar espaços em que você se afaste da contínua estimulação externa na qual vivemos e entre em contato com a sua alma e com Deus.
- À medida que for desenvolvendo a sua habilidade de se concentrar no instante presente, pode ser uma boa experiência voltar a algo que você temia no passado, com a sua nova consciência presente. Você verá que o medo se dissolve. Fica como um fantasma que assombrava o passado, mas agora já sumiu.

Presença pacífica

A paz deve começar em cada um de nós. Através de uma reflexão introspectiva e séria sobre o significado dela, pode-se encontrar novas e criativas formas de promover o entendimento, a amizade e a cooperação entre todos os povos.

Javier Pérez de Cuellar[4]

Uma presença que irradia paz nos acalma. Diante dessa presença você baixa suas defesas, harmoniza seu ritmo, normalmente acelerado, e começa a relaxar. Com a mente relaxada, seus pensamentos ficam mais claros, e você, então decide melhor.

Uma presença pacífica o protege. A paz que ela transmite vai invadindo os recantos do seu ser, fazendo-o afrouxar suas atitudes defensivas. Com paz, você deixa de lutar e abraça a serenidade do momento.

A presença pacífica o faz sentir que tudo neste instante é como é e está bem, e, justamente por isso, você o aceita. Na paz desses momentos, você recupera forças, harmoniza suas energias e acalma seu coração agitado. Os sentimentos se aliviam à medida que a energia da paz vai penetrando no seu coração. Eles se transformam, e você começa a sentir a paz deste momento. Os barulhos do exterior, que normalmente chamam a sua atenção, deixam de atraí-lo. Você se centra. Fica em paz. Esse é o poder da presença pacífica: levar você à sua paz.

---

4 Cuellar escreveu isso quando era secretário geral da ONU, em setembro de 1986.

Só irradia paz quem tem paz interior. A razão mais profunda da falta de paz e da abundância da ira, do medo e da desconfiança, seja no âmbito pessoal ou nas relações humanas, reside na perda da consciência de nossa autêntica identidade e da verdadeira natureza do ser.

> O homem dos dias de hoje vive sua vida apressadamente e sem se conceder nenhum momento de repouso e, como consequência disso, ele perde a si mesmo: sua face original, seu rosto originário, o que é em sua essência. Permite que o desviem do autêntico e que a multiplicidade o seduza e se aproprie dele. Prazeres e possibilidades em número ilimitado. A vácua e resplandecente pompa do mundo corre em sua direção como uma torrente e se apodera dele. O homem não vive. Ele é vivido. E tudo isso porque ignora que seu verdadeiro lugar está no centro[5].

Nossa identidade costuma se basear no aspecto físico (corpo), nas ações (o que fazemos/os papéis que representamos), nas posses (o que acumulamos), na localização (de onde viemos fisicamente) e em nossos condicionamentos (convicções adquiridas). Basear sua identidade e autoestima em qualquer uma dessas coisas pode se tornar um problema, pois nenhuma dessas características é permanente, o que faz com que nossa autoestima flutue. Quando, por exemplo, seu corpo muda de aspecto, você sente que sua identidade está ameaçada e se agarra ao que foi e já não pode mais ser. Quando você perde algo que tinha, parece que uma parte da sua identidade se vai junto.

---

5 ZUNIGA, G. *Está todo ahí.*

Quando, ao contrário, reconhece-se como o ser espiritual que é, você se conecta com suas raízes e confia em si. Sabe que, mesmo que seu corpo se modifique e suas posses sejam transitórias, há raízes internas que nada nem ninguém pode destruir. Quando passa tempo em silêncio, entrando em contato consigo mesmo, começa a confiar em si e não depende mais da aprovação dos outros. A consequência imediata é uma sensação de bem-estar e a descoberta de que essa dependência lhe tirava a paz.

Quando vivemos consolidados em nossa identidade essencial, a paz brota de nosso ser. A identidade essencial não depende do corpo, nem das posses e nem da localização. Poderíamos chamá-la de coração do ser. Residir no coração do ser e viver a vida nesse espaço central é viver desperto e consciente da realidade de que não somos nossos pensamentos, nossas convicções, nossos raciocínios e nossos hábitos. Nosso ser consciente é energia metafísica e espiritual. Essa energia move e anima a energia física do corpo e dos sentidos. Nesse espaço central, o coração do ser, dirigimos a mente, o intelecto e nossos hábitos.

Quando vivemos consolidados em nossa identidade essencial, a paz brota de nosso ser.

O ser dispõe das faculdades da mente para pensar, imaginar, sonhar, desejar; do intelecto para analisar, raciocinar, discernir, decidir; e dos arquivos da memória, onde estão as lembranças, convicções, hábitos e condicionamentos.

Um ser desperto está consciente de que somos seres espirituais tendo uma experiência física, e não seres físicos que estão tentando ter uma experiência espiritual. Com a prática da meditação, o olho interior começa a ver outro mundo, e o coração interior começa a sentir outro mundo. Ou seja, a meditação é uma experiência de ver e sentir para além dos sentidos físicos. Você vê e sente por dentro.

A meditação nos abre o caminho para deixar de residir na mente, no intelecto ou nos hábitos e passar a residir no coração do ser consciente. Esse ser é como uma estrela de cinco pontas. Cada uma das pontas representa um dos valores essenciais da alma. São os valores que constituem o ser, sua espinha dorsal, a base que dá sentido à nossa existência. A paz é uma delas. As outras são o amor, a pureza, a sabedoria inata e a liberdade.

A paz é serenidade e não violência. "Em sua forma mais pura, a paz é silêncio interno repleto do poder da verdade. A paz é a principal característica de uma 'sociedade civilizada', e é possível ver o caráter dessa sociedade através da consciência coletiva de seus membros"[6].

Viver em paz é se reconectar com a harmonia e estar tranquilo consigo mesmo. É estar em paz com os outros. Estar em paz com seu passado. Se houver algum aspecto do seu passado que você não tiver engolido, você não se sente bem no momento presente; o passado volta à tona uma, duas ou mais vezes... porque você não se reconciliou com ele. Sem perdão, o ressentimento controla a sua vida. Louise L. Hay diz: "Para nos desprendermos do passado, devemos estar dispostos a perdoar". Muitas

Viver em paz é se reconectar com a harmonia e estar tranquilo consigo mesmo.

6 NARAINE, G. *Living Values*.

vezes, o problema não é tanto o que o agressor nos fez, mas sim toda a interpretação e a história que viemos imaginando desde que ocorreram os fatos. Para sair desse estado, devemos impedir que nossas lembranças nos invadam. Devemos colocá-las no lugar delas: no passado. O passado já se foi, e agora o que temos é o momento presente. Não o percamos alimentando nossos ressentimentos do que poderia ter acontecido e não aconteceu ou do que aconteceu e não deveria ter acontecido.

Perdoar ajuda você a dizer "o que foi já passou". Já não é mais. Já não está mais, exceto na sua própria mente. Coloque em prática o lema "o que aconteceu já é passado". Você não precisa pensar nisso tantas vezes. Não permita que a sua mente reviva os fatos. Valorize o seu tempo. Valorize a sua criação: os pensamentos e os sentimentos. É necessário nos darmos conta de que, quando projetamos nos outros e os culpamos por nossa raiva, permitimos que sejamos escravos e vítimas deles. Obstinar-se é nocivo. Aceitar nos libera. Para consegui-lo, requer-se poder mental, que permite deter os pensamentos repetitivos que provocam mal-estar. Com afirmações, você pode fortalecer a sua mente. Louise L. Hay sugere esta: "Eu perdoo você por não ser do jeito que eu gostaria que fosse. Eu o perdoo e o libero".

Viver em paz é estar em paz com o que você faz e ser coerente com o que faz e a maneira como age. A verdadeira paz é a não violência em todos os âmbitos da sua vida.

Nossa maior contribuição para a paz mundial consiste em reconquistar e restabelecer a nossa paz interior. O método é a meditação e começa com uma verdade vital, mas simples: "Eu sou uma alma, e a minha verdadeira natureza é a paz". A alma é a consciência, o ser intangível que vive e se expressa através do tangível: o corpo. Enquanto sua visão estiver completamente ligada ao corporal, você não escutará e nem sentirá a voz da sua consciência. Com a meditação, sua visão se amplia e você enxerga em seu interior. Abre o terceiro olho, o olho da sua sabedoria inata.

Essa abertura garante que você respeite a si mesmo e ao próximo. Somente com respeito aceitamos as diferenças, dialogamos, resolvemos conflitos e criamos e mantemos a paz. Onde falta respeito explode conflito. **O respeito garante a paz.** Uma presença pacífica é respeitosa.

Para que a sua presença seja pacífica

- Adquira o hábito da paz. Lembre-se: você é paz.
- Acalme a sua mente. Para tranquilizá-la, você deve evocar:
  - o poder interno do seu ser, ou seja, seus valores e sua força inata,
  - o poder de discernir com clareza e
  - sua capacidade de decidir livre de influências negativas internas, como o medo, ou externas, como certas opiniões dos outros.
- Não permita que lhe tirem a paz. Não venda sua alma ao mundo.
- Fortaleça-se para viver em paz o momento presente. Para não se estressar por causa de pressões externas,

observe-as com desapego, como se você não fosse o protagonista, mas sim uma testemunha.

• Reconcilie-se com o seu passado. Coloque em prática o lema "o que aconteceu já é passado". Você não precisa pensar nisso tantas vezes. Não permita que a sua mente reviva os fatos. Valorize o seu tempo. Valorize a sua criação: os pensamentos e os sentimentos.

• Mantenha o seu universo interior sob controle. Medite para acalmar a sua mente. Observe suas emoções com desapego, para não se deixar levar por elas precipitadamente. Assegure-se de que sua intenção cotidiana esteja em sintonia com o seu propósito. Crie afirmações que contradigam seus pensamentos negativos.

• Você pode praticar o seguinte exercício tantas vezes por dia quanto desejar: Feche os olhos por alguns instantes e, mentalmente, afaste-se do que o rodeia. Como se estivesse subindo e vendo tudo lá de cima. Observe. Desapegue-se. Acalme-se. Tudo é como tem de ser. Não continue tentando consertar o mundo com a sua mente acelerada e o seu ser estressado. Sua presença pacífica fará muito mais pelo mundo do que você imagina.

Presença amorosa

Se quiser vencer seu inimigo, ame-o.

Ela Gandhi

Uma presença amorosa faz com que você se sinta amado. Ela o reconhece e o vê, ajudando-o a ver e valorizar a sua própria beleza. O amor dela o leva a amar a si mesmo. O amor dela é livre e não permite que você dependa dele. É como um espelho no qual você se vê, reconhece e é livre.

Há presenças cujo brilho apaga o seu e pode até deixá-lo invisível. Uma presença de amor autêntico, ao contrário, desvela-o e o torna visível.

A presença amorosa é uma presença abnegada. "No amor universal há compaixão e abnegação. Compaixão e abnegação têm por fim a felicidade de todos e não esperam nada em troca"[7].

A presença de amor nasce da compaixão. Sem ela, o amor pode ser exclusivo. A compaixão inclui todos, sendo a forma de amor mais universal. É um amor no qual você compreende e se apropria do sofrimento dos outros. Sem compreensão, não pode haver um verdadeiro amor. A compreensão é o que permite a compaixão. Compreensão significa conhecimento: conhecer a história, a vida e as inquietudes do outro.

Tem presença amorosa quem ama a si mesmo.

Tem presença amorosa quem ama a si mesmo. Nesse amor há compaixão. Na compaixão há perdão. Você não guarda ran-

7 SUTTAPITAKA MAJJHIMA-NIKAYA & PIYAJATIKA SUTTA. *Teachings of the Buddha*.

cor. Aceita e se mantém aberto. Recomeça do zero, ou seja, abandona preconceitos, imagens do passado e sentimentos de culpa.

Somente se você se amar e experimentar compaixão para consigo mesmo, poderá ter uma presença amorosa e compassiva; compreendendo os sofrimentos e as lutas daquela menina, daquele menino que você foi, daquela moça, daquele rapaz, daquela mulher, daquele homem que você foi e que você é. Se sentir aceitação, perdão e estima por todas elas, por todos eles, pela sua história, então será capaz de amar a si mesmo plenamente.

Aceitando a sua própria história, você pode abraçá-la, e nesse abraço se expressa o amor. Não restam lados obscuros da sua vida que você não consiga aceitar, que negue ou dos quais fuja. Você integra todas as diferentes pessoas que já foi. Assim, pode estar presente no aqui e agora.

Podemos cair na tentação de banalizar a corrente de pensamento do poder do agora e do estar presente neste momento; e cometer o erro de cristalizar partes de nossa história e de nossa vida, sem tê-las integrado. É importante se desapegar das coisas e das pessoas, já que elas vêm e se vão. Também é primordial se desapegar de sua própria história. No entanto, isso não quer dizer que não a integremos no que somos hoje.

Ao negar certas realidades que estão vinculadas à pessoa que fomos e ao que já fizemos e vivemos não somos capazes de estar plenamente presentes. Seria como se fugíssemos de uma parte de nossa pessoa e a deixássemos de lado. Tal dissociação enfraquece a nossa presença. **Só poderemos estar no momento presente se integrarmos todas as nossas pessoas, isto é, tudo o que já fomos e fizemos com os relacionamentos que**

tivemos. Portanto, sem perdão nem aceitação de si mesmo, não se pode viver no aqui e agora.

A presença amorosa e pacífica é necessária face ao ódio, à violência ou aos maus tratos. Deve ser uma presença firme, decidida e estável; que não provoque mais ódio. É uma presença enraizada na integridade do seu ser e no fato de viver e acreditar nos seus valores. É uma presença que nasce de um coração generoso.

Debby Lerma é um exemplo de presença amorosa que se manifesta em silêncio pela paz nos controles militares entre Israel e Palestina. Debby é a fundadora do movimento Mulheres de Preto pela paz em Israel. O movimento começou em Jerusalém e se estendeu ao mundo inteiro. Debby explica como mulheres israelenses e palestinas se unem: "sabemos que, para além da presente crise, há um futuro para ambas as partes. Não se deve aceitar agressões deliberadas a civis inocentes, sejam eles palestinos ou israelenses. Comprometemo-nos a trabalhar juntas". Toda sexta-feira, em vinte lugares de Israel, as Mulheres de Preto se manifestam em silêncio pela paz, comparecem aos controles militares para convencer seus filhos de que a violência não serve para nada e se mantêm firmes face às pás mecânicas que demolem as casas dos palestinos.

São mulheres cuja voz diz a um governo militarista de homens: "vocês levaram nosso povo de Israel a uma situação de deterioração e estão destruindo sem pudor outro povo. Nós, mulheres, não queremos construir assim nossa sociedade. Temos um futuro a compartilhar com o povo palestino"[8].

---

8 Entrevista em "La contra", de *La Vanguardia*, publicada no livro de Ima Sanchís: *El don de arder*.

São mulheres que se apresentam nos controles militares que barram a entrada e saída das cidades palestinas e os acessos às estradas e procuram convencer os soldados a deixarem de agir como fazem. Acreditam que a vida é mais sagrada do que o "Servir a pátria" e sabem que, com sua presença e em grande número, podem mudar as coisas.

Este é um exemplo de amor em ação. Amor que implica generosidade e compromisso. Amor que parte de uma renúncia, mas que traz plenitude: você renuncia aos seus desejos egoístas para viver a plenitude de se entregar ao outro. Amor do qual nasce a generosidade. Quanto mais amor você compartilhar, mais amor sentirá. **Quanto mais generoso for, mais você receberá em troca. O egoísmo ata suas mãos, a generosidade libera você.**

O amor é a essência do seu ser. É somente vivendo no amor que você é, está e age com sua essência. Sua presença é transformadora quando tem por base um amor inclusivo, e não uma raiva que rejeita e exclui.

É quando você ama que floresce o seu potencial de beleza e você vive na plenitude do seu ser.

É quando você ama que floresce o seu potencial de beleza e você vive na plenitude do seu ser. Deixa de mendigar por amor e começa a amar com todas as suas forças. Como conclui Xavier Guix em seu livro sobre os estilos afetivos: "O amor só pode ser comprometido. Não pode existir pela metade, nem de vez em quando, nem em partes. Não sei se é por sua força e beleza que minha amiga Marita não se cansa de repetir: se não for excessivo, o amor não é suficiente"[9].

---

9 GUIX, X. *¡Cuánto te quiero!* – Estilos afectivos y miedo al compromiso.

Para que sua presença seja amorosa

• Medite: No silêncio e na meditação, você aprende a reconquistar seu estado de paz, tranquilidade, honestidade e autenticidade. Reconecta-se com seu verdadeiro ser e, assim, conecta-se com a humanidade em um nível espiritual e solidário. Desperta a consciência e o sentimento de ser cidadão do mundo: você pertence ao mundo, e o mundo lhe pertence. Você sente a humanidade como uma irmandade: todos nós somos irmãos nessa grande família universal, filhos de Deus, do Pai e da Mãe. **O amor emana de si como um manancial. Você é amor. Sua presença é amorosa.**

• Faça um balanço da sua história e veja que aspectos você precisa aceitar, perdoar ou deixar para trás. Pode ser útil escrevê-lo. Integre em seu ser todas as pessoas que você já foi e viveu em sua história. Seja compreensivo consigo mesmo. Não seja dura ou duro consigo. Entenda as razões pelas quais você agiu desse jeito naquele momento. Agora talvez agisse de forma diferente, mas naquele momento você agiu assim porque provavelmente não tinha a perspectiva nem os recursos de que dispõe agora. Aceite isso e aceite a si mesmo.

• Examine e verifique o significado profundo e a transcendência do que quer dizer compaixão. É uma palavra malcompreendida em nossa civilização ocidental. Não significa ter pena nem misericórdia. **Compaixão é o amor que une você ao mundo.**

• Se você se vir em uma situação de conflito, uma discussão acalorada, não fuja. Mantenha sua presença amorosa. Não se deixe influenciar pela raiva dos outros. Irradie paz e tenha confiança que sua presença amorosa é um bálsamo em tais casos. Entre em contato com o amor divino que o ajuda a transcender e estar presente nessas situações, sem se deixar impregnar por emoções turvas.

Presença amável
Presença de amizade

Uma presença amável acaricia a sua alma. Oferece-lhe um oásis onde o seu ser encontra consolo e respira novamente a fragrância de uma realidade amável. Em presença da amabilidade, você abandona as asperezas da sua personalidade perturbada e se abre para a ternura e a suavidade. "Amável" significa que ela é digna de ser amada.

A presença amável conecta. Uma pessoa amável está consolidada em si mesma, mas se conecta com os outros. Tem consciência da presença do outro e o reconhece. É nesse reconhecimento que se dá o encontro. O encontro do momento que é um presente, uma dádiva. Esse encontro se dá com amabilidade e elegância no *Namastê*, saudação oriental que se dirige ao que há de mais sagrado em cada um. Seria possível traduzi-lo assim: "Estou inclinando-me diante da luz que há em você". Em todo encontro verdadeiro há algo de transcendental. Um encontro verdadeiro traz um encontro consigo mesmo, um encontro com o outro e com o que nos transcende. Trata-se de uma experiência extraordinária e sagrada.

A presença amável suscita um encontro aberto com o outro, e a abertura permite a empatia, o verdadeiro encontro, a conexão e a relação. Engendra amizade. Quando cada um sente a presença do outro, o encontro se dá.

Se falar muito e se perder em palavras, você corre o risco de não sentir a presença do outro. Quando o escuta, você sente a presença dele. Ao senti-la, conecta-se de essência a essência, de raiz a raiz, sem se distrair nem ficar preso à imagem externa. Quando se dá essa conexão essencial, a beleza que há em vocês dois se expressa e flui. A amizade floresce.

A presença amável suscita um encontro aberto com o outro

O valor da amizade é necessário para favorecer encontros e reuniões nos quais os indivíduos se sintam à vontade e bem-recebidos. Em espaços de amizade, reúnem-se nossas almas, nossos olhares e nossos sentimentos. Nasce a empatia. É um encontro de mentes e um encontro de corações. Você se sente bem e sente o outro. A presença dele lhe importa.

Em espaços de amizade, compartilham-se vivências. No ato de compartilhar, você se desprende, libera-se e transforma. Se estiver presente, atento, então escutará ativamente todos os sinais: os que os outros emitem ou comunicam sem palavras, os que o ambiente transmite e os que o seu próprio ser lhe está expressando. Sentirá também os sinais do tempo. Essa escuta se dá quando você está presente. **Com essa escuta íntegra, sua resposta é sábia.**

Você não responde como se o seu interlocutor fosse uma interrupção. Não pensa que as pessoas sejam interrupções, mas sim oportunidades de encontros e reencontros. Cada pessoa lhe oferece a oportunidade de um encontro que pode ser único e sagrado. Com tal atitude, você acolhe as pessoas na sua vida com abertura e gratidão.

Cada pessoa lhe oferece a oportunidade de um encontro que pode ser único e sagrado.

Meu amigo Juan trabalha em um banco há 35 anos. Ele dividiu comigo uma experiência sua que deu origem a uma mudança de atitude, trazendo grande crescimento pessoal e aumentando sua motivação no trabalho. Passou a sentir que cada encontro com "o cliente" era, de fato, uma oportunidade de estabelecer um verdadeiro encontro sagrado. Por isso, enxerga sua mesa como um altar e, toda vez que recebe alguém, converte tal encontro em uma verdadeira re-união. Talvez seja a única vez que encontrará a pessoa. É uma oportunidade de ouro para um encontro de olhares, almas e corações. Nesses momentos, para Juan, o mais importante é estar presente com a pessoa que está à sua frente. Assim, a pessoa, o cliente, leva consigo algo mais do que uma solução financeira. Vai embora com o calor humano e o frescor de um encontro diferente.

O poder da presença no encontro com o outro

Alguns minutos de presença amável podem mudar o rumo e o destino das pessoas. Meu amigo Pedro, advogado, já me contou como alguns minutos de sua presença ajudaram um cliente seu e mudaram o destino do mesmo:

"O julgamento estava marcado para dali a uma hora, e meu cliente – designado pela defensoria pública e que eu não conhecia – encontrava-se preso nas celas dos velhos e sujos porões do tribunal de Barcelona.

Na semana anterior, eu havia lido e estudado o caso e queria conversar com meu cliente antes do início do julgamento. O normal é que, antes de a audiência começar, o juiz lhe conceda cinco minutos para falar com o acusado. Eu não me sinto à vontade em tais momentos, já que sou obrigado a falar com o réu em um lugar muito pequeno, à vista de todo o mundo, e a conversa é ouvida pelos outros.

Por isso, pedi para um agente do tribunal me fornecer um "crachá" para eu poder entrar nas celas. Após uma série de problemas burocráticos e muito insistir, já com o crachá nas mãos, fui à prisão. Ali, a guarda civil – naquele tempo, a responsável – me tratava como se eu fosse um intruso que só estava indo lá para incomodar. Só cinco minutos, avisaram-me!

Percorri o estreito corredor entre as celas comunitárias onde os presos ficavam em grupos de seis ou sete. Pareciam cavernas das quais não se via nada do corredor. Gritei o nome do meu cliente. Da escuridão e em meio aos gritos dos presos, surgiu um rapaz.

Oi – disse eu –, só temos cinco minutos: três para você me explicar o que realmente aconteceu e dois para eu lhe dizer o que você tem de depor.

Ele depôs muito bem e, no final, foi absolvido. Algumas semanas depois, foi ao meu escritório, e eu lhe dei os parabéns pelo depoimento dele: claro e sem ambiguidades. Ele me respondeu que a minha visita lhe havia dado a força necessária, que havia sido o único preso cujo advogado visitou antes do julgamento.

"Naquele dia, pensei que ele realmente havia notado a minha presença, meu sincero interesse por seu caso, minha confiança de que ele daria um bom depoimento e minha certeza de que, no final, seu grave problema seria resolvido. Alguém que ele não conhecia havia se preocupado com ele."

Pedro menciona aqui um tema muito importante, que é a base de nossa presença: o encontro a partir do reconhecimento do outro, tirando-o de sua invisibilidade e tornando-o visível.

"Quando um consumidor, um cliente, um chefe, um colega ou um subordinado recebe de você um reconhecimento e uma valorização maiores do que ele estava esperando, a tendência natural é lhe retribuir com uma valorização maior do que a que inicialmente você havia imaginado. Dessa forma, a qualidade e o valor de cada transação na sua empresa ou organização aumentarão. Tratar cada um com respeito sempre requer menos trabalho, visto que você não precisará converter em recursos de análise, esclarecimento e classificação o valor de cada pessoa que você encontra"[10].

A amabilidade face à dor ou traição

Diante de situações que provocam dor ou de pessoas que o tenham enganado, é difícil ser amável. Nesses casos, você precisa ser decidido e firme, sem perder a educação. De qualquer forma, não deixe de ser amável consigo mesmo. Quando as

---

10 Sobre a liderança de Gandhi, cf. AXELROD, A. *Gandhi Ceo* – 14 princípios essenciais para guiar e inspirar grandes líderes.

situações o machucam, não acrescente mais dor machucando a si mesmo. Seja amável consigo. Acaricie a sua alma.

Quando as situações o machucam, não acrescente mais dor machucando a si mesmo.

Para potencializar a amabilidade dentro de si e sua capacidade de estabelecer laços e fazer amizade

- Leve o outro em consideração. Antes de falar, pense na pessoa que vai escutá-lo. Reconheça-a. Torne-a visível. Aprecie-a amavelmente.
- Valorize a sua presença e a mudança que você pode suscitar em poucos minutos estando presente com amabilidade. Você pode transformar ou, pelo menos, oferecer uma atitude amável, consolo e estima. Assim, você é como um oásis em meio a encontros que ocorrem com pressa, sem se olhar nem se reconhecer.
- Se tiver sentimentos positivos pela pessoa que está à sua frente, expresse-os, não os considere como manifestos. Algumas palavras amáveis e de gratidão são um presente que você pode dar várias vezes por dia.
- Não enxergue nem sinta as pessoas como interrupções. Mude sua percepção. Todo encontro, por menor que seja, é uma oportunidade.
- Se sentir raiva ou outro sentimento que possa ofuscar a sua amabilidade, procure extravasá-la escrevendo, fazendo exercício, desenhando ou da maneira que melhor lhe convier. Ao expressar a sua raiva, você diminui o impacto dela. Assim lhe será mais fácil ser amável.

Presença essencial

Quando o que você faz e vive está repleto de sentido, você se sente plenamente realizado. Sua energia flui, e você insufla a sua essência em tudo o que toca. Viver o essencial é viver o que dá sentido a cada pensamento, palavra e ação, a cada relacionamento e projeto. Uma presença essencial é desprovida de tudo o que é supérfluo e absurdo. É uma presença que irradia beleza, sentido e plenitude.

Uma presença essencial irradia beleza, sentido e plenitude.

O valor do essencial é tudo o que se refere ao ser, à sua pessoa. O essencial está no poder do ser: o poder de pensar, decidir, sentir, fazer, agir, estar e, enfim, o poder de transcender[11].

Quando nossa consciência, nossa decisão e nossa ação estão em sintonia, o essencial flui e se transmite a cada um de nossos atos. O essencial está em nossa consciência, e, quando nossas decisões e ações se baseiam nela, vivemos com coerência e integridade, além de transmitirmos o essencial aos outros.

No âmbito do ser, o essencial está na autenticidade, integridade e transparência. Ele inclui também liberdade interior, paz, independência pessoal, amor, autoestima, integridade e harmonia.

Em cada dimensão da sua vida, manter o essencial é não esquecer nem comprometer esses princípios e valores. Se, na sua opinião, é essencial manter a sua paz interior e harmonia, você não terá pensamentos nem realizará ações que prejudi-

---

11 Já discuti o tema do valor do essencial no livro *Viver em liberdade* – Limites, sonhos e o essencial.

quem essa paz, que tragam desarmonia e, consequentemente, destruam ou vão de encontro ao que é essencial para você.

No âmbito dos relacionamentos, o essencial é amor, compreensão, confiança, comunicação, diálogo e plenitude.

É importante saber claramente o que é essencial para você. Uma vez isso claro, você deve mantê-lo vivo na sua consciência. A chave para entrar em contato com o essencial é saber esquecer e saber recordar. O que você esquece e o que você recorda? Esquecer seus desejos e intenções egoístas abre espaço para recordar e viver o essencial. É um espaço que, além disso, facilita ir ao encontro do essencial para o outro. O que é que o outro e a situação lhe oferecem e lhe pedem?

Para viver o essencial e ter uma presença essencial no mundo, você pode praticar "O poder do RE": "REcordar" (Reconhece, Regressa, Religa, Retorna, Restaura, Renova, Reinventa, Rejuvenesce, Renasce, Reúne, Repara, Recicla, Remenda, Reencontra, Recupera)[12].

Ao recordar, você regressa à sua essência e faz com que aflore o seu ser essencial. A capacidade de esquecer e recordar são duas faculdades extraordinárias que você tem. Se souber usá-las, você alcançará plenitude. Não esqueça o que você tem de recordar. Não recorde o que deveria esquecer.

Ao REcordar, você:

REconhece a sua originalidade, e a sua consciência desperta.

REconecta-se com a sua essência e a vive diariamente.

---

12 O poder do RE é um capítulo do livro *Criatividade para reinventar sua vida*.

REgressa ao original, à sua origem espiritual, e experimenta o prazer e a felicidade desse REencontro com sua origem.

REliga, ou seja, entra em contato com o seu ser divino e com Deus[13].

REtorna à sua beleza e a manifesta em cada expressão do seu ser.

REstaura a sua identidade e REcupera assim a sua verdadeira autoestima.

REjeita a falsidade, o que não é seu, e até esquece o que não lhe pertence. Libera-se de fardos e é luz.

REnova e se REinventa, sua criatividade flui como uma torrente de água cristalina que reflete as cores das flores, absorve e transporta a fragrância delas.

REjuvenesce: sua energia flui criativamente, e você pode correr, pular e se mexer com flexibilidade pelos obstáculos que o caminho apresentar.

REúne – a união faz a força.

REpara a sua mente, e seu motor cansado encontra a calma.

REduz o gasto inútil de suas energias dispersas e as concentra.

REcicla, para não desperdiçar sua energia mental e emocional. Você a recicla transformando a raiva em compaixão, a tristeza em alegria e o medo em coragem.

---

13 A palavra "religião" vem do verbo latino *religare*.

REmenda as feridas de um coração partido para REcuperar sua força e capacidade de amar.

Com tudo isso, você REnasce, vive uma REssurreição: o brilho do seu ser volta a nascer. Isto é, você oferece algo único aos outros, algo que brota da autenticidade do seu ser.

Sua presença essencial é transformadora. Inspira e permite a visão de uma vida fresca e nova.

Para que sua presença seja essencial

- É importante saber claramente o que é essencial para você. Uma vez isso claro, pense como você pode mantê-lo vivo na sua consciência, para senti-lo e vivê-lo.
- Pergunte-se: O que é realmente essencial para mim? O que me faz vibrar, anima, inspira e me incita a realizar ações construtivas? O que dá sentido à minha vida? Vivencie o valor que for essencial para você. Não tenha pensamentos nem realize ações que prejudiquem ou sejam contrários a esse valor, que tragam desarmonia e, consequentemente, destruam ou vão de encontro ao que é essencial para você.
- Mantenha o essencial em sua consciência. Tome decisões baseando-se no que for essencial para você e aja de acordo com isso. Quando a consciência, a decisão e a ação estão em sintonia, o essencial flui e se transmite a cada um dos seus atos.
- Não esqueça o que você tem de recordar. Não recorde o que deveria esquecer.

- Pratique o poder do RE. Comece escrevendo uma lista de palavras que comecem com RE, que tenham sentido para você e as quais você deseje aplicar em algum aspecto da sua vida. Escreva um parágrafo – ou mais – sobre o que você sente que deveria fazer a respeito. Por exemplo: Reduzir o gasto inútil de minhas energias. Isso significa: pensar menos, detectar a tempo conversas inúteis, prestar atenção a vazamentos de energia, não se distrair nem perder tempo com futilidades, não se deixar afetar pelo que os outros falam.
- Incorpore simplicidade na sua vida. Descomplique-se. Ilumine e limpe. "A simplicidade atrai o instinto, a intuição e o discernimento para suscitar pensamentos com essência e sentimentos de empatia. Simplicidade é a consciência que incita as pessoas a reformularem seus valores"[14].

Presença intensa

Invista seu tempo para criar grandeza.

Gandhi[15]

Precisamos agir com intensidade no mundo para que nossas intenções se manifestem na realidade e para que construamos um mundo melhor para todos. O que entendemos por

---

14 NARAINE, G. *Living Values.*

15 AXELROD, A. *Gandhi Ceo.*

intensidade aqui não é urgência nem paixão emocional, mas sim concentração, determinação, coragem e foco.

Durante uma década, fiz parte da equipe coordenadora do Fórum Internacional das Artes (na Sardenha, Itália). Em um dos fóruns, com a participação de artistas de todos os continentes, perguntamos sobre as histórias pessoais deles, para saber qual fora o momento em que haviam experimentado o máximo de criatividade. Vários artistas contaram que a falta de tempo, o fato de ter um prazo de entrega, uma data de performance e de encenação os havia levado a concentrar todas as energias no pouco tempo disponível; a presença intensa deles os fazia dar o máximo de si mesmos. O resultado era criatividade, plenitude e inspiração. Obras únicas e magníficas.

Ter consciência do tempo que nos resta faz com que utilizemos toda a nossa presença intensamente. Concentramo-nos e não estamos ali para perder tempo, nem sentimos necessidade de nos distrair.

Uma amiga me contou como seu poder de presença aumentou quando ela sentiu que era sua última oportunidade. Quando se veem diante da última oportunidade, ou diante de uma oportunidade única, as pessoas intensificam a dedicação àquilo que estão fazendo, e a presença delas se multiplica. No caso da minha amiga, tratava-se de seu último dia de aula. Era o último dia que ia ver os alunos e trabalhar naquela escola enquanto professora. Ela foi especialmente brilhante, presente e criativa. Deu o máximo de si mesma. Sua presença foi plena e intensa. Causou um impacto tão positivo nos alunos que até hoje, depois de vários anos, todos se lembram daquele dia.

Outro fator que ajuda você a intensificar sua presença é tomar consciência da sua morte ou da morte dos outros, pois essa constatação lhe dá coragem para dizer ou fazer com firmeza o que você está sentindo. Você ousa então dizer o que pensa. Não quer mais adiá-lo, já que não sabe se poderá comunicá-lo caso deixe para depois. Quando você percebe a iminência do tempo, sua presença se torna intensa.

Quando termina uma etapa da sua vida e outra está prestes a iniciar, você sente a necessidade de pôr fim à etapa anterior, dizer e fazer o que não disse nem fez, para encerrar, despedir-se e deixar para trás. Ao fazer isso, você sabe que está abrindo espaço para que o novo entre na sua vida.

Quando você percebe a iminência do tempo, sua presença se torna intensa.

Você também intensifica sua presença quando toma consciência da singularidade do momento. Cada momento é único. Abandone toda a segurança que o mantém apegado ao passado, às suas lembranças e aos seus desejos. **Reconheça a singularidade deste momento, que não se repete.** Deixe aflorar o que há de maravilhoso e milagroso em cada instante. Observe e vivencie, com a inocência de uma criança aberta à curiosidade de descobrir cada coisa, pessoa e situação com a qual você entra em contato. Valorize a beleza. Tire prazer de tudo isso. E, com prazer, sua presença é liberadora.

A intensidade de nossa presença depende da nossa relação com tempo e da nossa capacidade de concentração.

A intensidade de nossa presença depende da nossa relação com tempo e da nossa capacidade de concentração. Com silêncio e meditação, podemos cultivar a concentração: reunir nossas energias, no intuito de colocá-las em sintonia e, assim, intensificar nossa presença e nossa luz.

É importante transformar o tempo em seu aliado. **Você não é escravo do tempo, mas sim criador do tempo.** Se você ocupa um cargo de responsabilidade, está acostumado a ser bombardeado com pedidos de decisões e informação. Parece que o tempo foge, que você tem pouco tempo.

O senso de urgência que prevalece nos negócios e nas empresas vem sendo estimulado em grande medida pela tecnologia, que facilitou a comunicação instantânea. Hoje, a tecnologia da comunicação é mais rápida do que a velocidade do pensamento. Uma presença intensa não equivale a uma presença de urgência.

Atualmente, parece que as máquinas e a tecnologia determinam nosso ritmo. Ou seja, vivemos em função da televisão, do telefone, do computador... de uma infinidade de aparelhos que determinam nosso modo de agir e nosso estado de espírito em muitas situações. O fato de ter acesso a *e-mails* o tempo todo graças aos *smartphones* e outros aparelhos nos faz ter dúvidas acerca de como deve ser a nossa disponibilidade. Parece que se espera de nós, em especial daqueles que ocupam cargos de responsabilidade, que estejamos disponíveis 24 horas por dia, sete dias por semana, sem interrupção. Presumimos que tal atitude garante um melhor serviço ao cliente e à empresa ou organização.

No entanto, uma solução eficaz, uma resposta que exige um tempo de reflexão para ser formulada, é muito mais valiosa do que uma solução fraca, não importa o quão rápido ela tenha sido entregue.

Muitos se veem pressionados pelo sentimento de que têm pouco tempo. Face a essa pressão, não deixamos a criatividade fluir e guardamos ressentimentos que vão se acumulando por não poderem expressar todo o nosso potencial.

Não esqueça que a finalidade própria da tecnologia é servir você e servir o pensamento. A tecnologia está a serviço da sua criatividade, e não o contrário.

Sua presença intensa

- Viva cada dia como se fosse o último.
- Utilize a tecnologia como uma ferramenta e não permita que a tecnologia transforme você na ferramenta dela.
- Abandone toda a segurança que o mantém apegado ao passado, às lembranças e aos desejos que não lhe permitem viver intensamente o presente.
- Reconheça a singularidade deste momento, que não se repete.
- Reúna suas energias, no intuito de colocá-las em sintonia – você intensifica assim a sua presença.
- Concentre-se. Não fique disperso. Seja um ator, e não um espectador. Não se distraia.
- Medite. Pratique o seguinte exercício: elimine todo pensamento desnecessário. Focalize a sua mente em um único pensamento. Por exemplo: sou um ponto de energia. Estou sentindo esse ponto. Estou concentrado. Estou me liberando e me desapegando de todo pensamento. Sou um ponto.

Presença poderosa

Afirmar-se em seu próprio poder é não permitir que os comportamentos dos outros afetem você.

Uma presença poderosa muda a realidade. A presença poderosa é capaz de influenciar e afetar mudanças no presente e na criação da realidade futura. Uma presença poderosa influencia o futuro que se constrói para todos. Uma presença poderosa não depende da posição nem dos privilégios. O poder dela emana de dentro. Ela pode utilizar a posição para influenciar, mas a posição não determina seu autêntico poder. Uma pessoa que ocupe uma posição, mas careça de poder interior, é pouco estável. As palavras dela frequentemente estão vazias de conteúdo. Ela não inspira confiança.

Uma presença poderosa muda a realidade.

Há muitas dimensões do poder, e, dependendo da intenção e dos valores que o movem, o impacto pode ser destrutivo, neutro ou construtivo. Por exemplo, temos os poderes econômico, político, científico, ideológico ou religioso. Há também os poderes do *marketing* e dos meios de comunicação. E os poderes relacional, pessoal e espiritual.

O *poder relacional* opera no contexto de nossos relacionamentos. Em cada interação, há a possibilidade de influenciar os outros. Quando duas ou mais pessoas se relacionam, cada qual se baseando em seu poder interior, a influência é então positiva e inspiradora. O diálogo que se cria nos abre para outros horizontes, e todos saem enriquecidos e afirmados em seu poder pessoal.

O *poder pessoal* se vive no âmbito de nossa personalidade; é onde formamos nossas percepções e atitudes. Quando nos consideramos como vítimas, automaticamente nos des-apoderamos. Afirmar-se em seu próprio poder é evitar que os comportamentos dos outros afetem você; é deixar de ser vítima e se tornar mestre, dono e criador de sua própria realidade.

O *poder espiritual* talvez seja o poder mais sutil e é o que se desenvolve em nossa consciência. Todos nós temos um profundo poço de paz interior e uma fonte de amor incondicional nos quais podemos nos abastecer. Quando exercemos esse poder interior, adquirimos controle sobre o nosso estado de espírito. Influenciamos os outros difundindo beleza, virtude e verdade com nossa simples presença.

Esses poderes se vivem e se exercem conforme a maneira e o espaço em que utilizamos nossa energia. Nossos universos, o interno e o externo, funcionam com base nas energias física, mental e espiritual. Como transformamos nossa energia em poder e como dirigimos o uso desse poder?

Uma energia concentrada e focalizada se transforma em poder. Para conseguir isso, você deve ter um propósito claro. A clareza de propósito o ajuda a concentrar seu pensamento e incide no processo a partir do qual você toma decisões, permitindo que você influencie as mudanças presentes e futuras. De fato, o poder, ou seja, a energia concentrada com um propósito claro, deve acompanhar todos os tipos de presença que expliquei neste livro.

Uma energia concentrada e focalizada se transforma em poder.

De qualquer forma, não basta um propósito para converter a energia em poder. Precisamos de valores que nos guiem sobre como utilizar tal poder. Há muitas maneiras de alcançar um propósito. Algumas são éticas, isto é, com valores positivos e respeito pelos direitos humanos. Outras estão impregnadas de corrupção, manipulação ou coação. Dependendo da forma, do caminho, como decidimos alcançar nossa meta, tornamo-nos poderosos ou, ao contrário, diminuímos nossa consistência e nosso poder.

Nesse sentido, poderíamos dizer que o poder é a energia focalizada pelo que dá sentido à sua vida, seu propósito, e guiada por valores com fins construtivos.

Ao longo deste livro, apresentei-lhe diferentes propósitos, no intuito de conferir poder à sua presença, vivendo os valores que lhes são subjacentes. O importante é que você saiba claramente que tipo de presença quer ter no mundo e se concentre para consegui-la. Você deverá integrar na sua vida cotidiana os valores que a sustentam com o objetivo de fazer com que sua presença seja transformadora, construindo uma realidade melhor para todos.

Para que sua presença seja poderosa

- Lembre-se de que você existe com e pelo que dá sentido à sua vida. Descubra-o. Viva-o. Para isso, coloque-se as seguintes perguntas:

- O que é que dá sentido à sua vida?

- Qual é o seu propósito?

- Quais são os seus valores?

• Reflita sobre elas. Escreva suas respostas. Fale e estabeleça conversas sobre o que dá sentido à sua vida, sobre o propósito e os valores das pessoas que o rodeiam. Isso o inspirará para encontrar o seu propósito.

• Observe que, toda vez que você joga a culpa em fatores externos pelo jeito como está e por como está se sentindo, você acaba cedendo seu poder. Pensa e age como se fosse vítima da situação ou das pessoas. Reconquiste seu poder interior dando-se conta desse mecanismo e assumindo a sua responsabilidade.

• Observe por onde se escoa a sua energia, o que tira o seu poder interior, e procure evitá-lo. Faça uma lista de tudo aquilo que o enfraquece. Você quer continuar com isso na sua vida? O que fará para evitá-lo?

• Medite e dê-se tempo suficiente para experimentar a contemplação – isso o ajudará a se conectar com seu poder espiritual.

3
Valores de uma presença transformadora

Ao longo da história, acima e além da batalha competitiva dos partidos políticos ou das rivalidades dos poderes econômicos, ***uma força constante permaneceu: a irreprimível força dos valores humanos****. O desejo comum de todas as pessoas é dar significado à vida, transcendendo nossas diferenças de raça, gênero, etnia, língua, condição econômica ou opção política. Não importa quem somos, como somos ou de onde viemos, tentamos alcançar realização e paz na vida. Portanto,* ***os valores são nosso guia ao longo do caminho*****. Eles são a base para dar os passos mais simples e mais profundos que damos na vida. Permitem-nos distinguir o adequado do inadequado, e, se formos fortes, escolheremos o primeiro caminho, embora geralmente seja o mais longo. Se nossas decisões forem realmente guiadas pelos valores, com certeza encontraremos harmonia em nós mesmos, nossas famílias, nosso lar, nosso bairro e nossa nação. A honra individual, o respeito mútuo, a justiça, a solidariedade e o amor são os valores centrais que aprendemos com nossos pais e queremos legar a nossos filhos. Então, caminhemos para o século XXI, medindo cada passo em função de sua*

* Os negritos são meus [N.A.].

contribuição para a paz, justiça e igualdade, para a nossa segurança e a dos outros que estão percorrendo esse caminho junto conosco e para as gerações futuras.

JUAN SOMAVÍA*

Valores de uma presença transformadora

A capacidade liberadora da verdade consiste em nos conectarmos com a Presença que dá consistência a cada momento, possibilitando--nos alcançar o âmago de cada situação, pessoa e coisa, sem nos apegarmos a elas. Quando estamos enraizados no real, podemos fluir e criar em conjunto. A inautenticidade faz com que, ao contrário, vivamos em um mundo falso, no qual nos recolhemos para nos defender, por medo da perda.

Javier Melloni[16]

Os valores essenciais para que a presença de uma pessoa tenha influência e contribua para transformar construtivamente a realidade presente e futura são:

- Generosidade
- Confiança
- Bondade

---

* Escrito para a comemoração do 50º aniversário das Nações Unidas. Juan Somavía foi vice-presidente do escritório do comitê preparatório do 50º aniversário das Nações Unidas.

16 MELLONI, J. *El Cristo interior*.

- Coragem
- Honestidade
- Abertura
- Transparência
- Adaptabilidade
- Acessibilidade
- Humildade
- Inocência
- Tolerância
- Gratidão
- Cooperação

Vou discutir estes valores nas próximas seções. São valores que se complementam. Apesar de eu tê-los separado em capítulos, você verá que os menciono em um e em outro, pois sem um não é possível ter o outro. Ou seja, você não pode estar aberto se não confiar; não pode ser corajoso sem honestidade; não pode ser acessível sem humildade e não pode ser inocente se a bondade não morar no seu coração. A cooperação resulta do ato de praticar e viver os demais valores. Sem flexibilidade, tolerância e coragem, é impossível oferecer cooperação. Sem confiança, abertura e honestidade, a cooperação não flui.

Outros valores essenciais já foram abordados no capítulo anterior:

- Amor
- Compaixão
- Paz
- Liberdade
- Sabedoria

Generosidade

A presença generosa é a expressão da abundância do ser. Não se trata de ter muito, mas sim de ser e viver com a consciência da abundância. A natureza se produz com abundância. É uma abundância baseada na confiança de que tudo o que é necessário virá ao nosso encontro. Ter confiança nos ajuda a ser generosos.

A presença generosa é a expressão da abundância do ser.

Uma presença generosa compartilha. Quanto mais amor você compartilhar, mais amor terá. Quanto mais generoso for, mais receberá em troca. Podemos seguir o exemplo de Gayatri, que explica: "Quando desejo algo, eu me pergunto: O que é que eu posso dar? Se, por exemplo, desejo a paz mundial, a pergunta é: qual é a minha contribuição para essa paz? Se quero amor, qual é a minha contribuição para ter amor? Não somos seres vazios, temos dentro de nós uma porcentagem do que desejamos"[17]. Ao compartilhá-lo, ele começa a emanar e crescer. Ao compartilhar do fundo do peito, você revela os tesouros que guarda.

Muitas pessoas vivem com a consciência da carência, do que lhes falta e do que não vai bem. Essa atitude turva a visão delas, que está infestada de imagens negativas do passado e do presente, impedindo-as de criar imagens positivas do futuro almejado. Esse círculo vicioso gera cansaço e atitudes defensivas e negativas. Faltam-lhes sincronicidade e empatia.

Quando nosso ser está dominado pela ganância, só pensamos em como ter e conseguir mais. É como se nunca tivés-

---

17 SANCHÍS, I. *El don de arder*.

semos o suficiente. Sempre queremos mais e mais. Criamos uma sociedade de consumo fundada na necessidade, ganância e consciência de escassez.

Para ser generoso, é necessário mudar o discurso que enfatiza o que não funciona e as carências. As palavras têm força, e, se nosso discurso estiver baseado no que não está dando certo, continuaremos presos às carências. Nosso coração permanecerá murcho, e nossa mente, limitada.

As imagens também têm força. Por isso, é preciso aprender a criar imagens de positividade que provenham da gratidão e do apreço. Imagens que nasçam da confiança em um futuro melhor e do ato de vivenciar os valores que dão sentido à nossa vida.

A generosidade emana de um grande coração, de um coração aberto e de um coração forte. A presença generosa valoriza e leva os outros em consideração.

A presença generosa valoriza e leva os outros em consideração.

Veja mais sobre a generosidade na seção “Servir” (p. 137).

Confiança

Parece que este mundo perdeu a confiança. Deixamos de confiar em nossos líderes políticos, religiosos e econômicos. Deixamos de confiar no vizinho. A desconfiança chegou até dentro de casa – vivemo-la em casal ou em família. Quebrou-se a confiança.

Nosso ceticismo nos leva a desconfiar. Sem confiança, não colaboramos, e sem colaboração não podemos construir um mundo melhor. Parece que deixamos de acreditar em nossas possibilidades de criar e viver em comunidades amorosas, livres e íntegras.

A primeira coisa que temos de reconquistar é a capacidade de cada um confiar em si mesmo. Com autoconfiança, você pode transformar e despertar confiança nos outros. Assim, gera cumplicidade e cooperação.

A confiança nos abre e desperta em nós a esperança de uma cooperação possível e real. Com confiança, dialogamos, e com diálogo transformamos.

A confiança lhe permite estar e ser sem máscaras.

Face a uma pessoa digna de confiança, você se abre. A presença dela desperta confiança em você. A abertura se dá como resultado do ato de confiar. A comunicação flui. Você não se esconde. A presença dela o ajuda a ser você mesmo. Você não sente necessidade de se justificar nem de dar explicações.

A confiança lhe permite estar e ser sem máscaras. A presença de uma pessoa que confie em você o ajuda a acreditar em si e enxergar suas possibilidades. A presença dela desempenha o papel de facilitadora e, sem interferir, faz com que o seu potencial aflore.

Lembre-se do impacto que teve na sua vida a confiança que alguém tenha depositado em você. Como isso mudou a sua realidade? O que suscitou dentro de você? *Você* pode exercer o mesmo impacto nos outros se confiar neles plenamente.

Existem também outras presenças que se impõem, a ponto de nos fazer sentir medo. Face a pessoas assim, você desconfia e se fecha. Com desconfiança, sua capacidade comunicativa diminui, e o diálogo se torna difícil.

Você inspira confiança quando se mostra íntegro, quer o bem do outro, demonstra ter capacidade para satisfazer suas necessidades e adota um tom emocional positivo.

As pessoas ficam mais dispostas a ter confiança quando possuem segurança interior, têm uma boa autoestima e confiança em si mesmas e são donas do próprio nariz. Tendemos a confiar nos outros (heteroconfiança) e amá-los, na medida em que confiamos em nós mesmos. É mais fácil confiar em alguém que tem boa autoestima.

Para potencializar sua confiança

- Talvez algumas pessoas o tenham enganado, mentido ou roubado. Mesmo assim, reconheça que não são elas que devem influenciar você, a ponto de fazê-lo deixar de confiar nos outros seres humanos. Para reconquistar confiança, você terá de trabalhar essas lembranças. Primeiro, perdoe-se a si mesmo por ter-se colocado em tal situação, por ter sido ingênuo e por não ter estado alerta nem atento. Portanto, não permita que a lembrança da pessoa que lhe incutiu desconfiança surja na tela da sua mente repetidamente. Lembre-se de alguém que tenha confiado em você. Evoque e recorde essa imagem. Toda vez que sua mente se deixar levar pela desconfiança, preste atenção e evoque de novo essa imagem de confiança.

- Permaneça alerta, cauteloso e atento, mas não perca a confiança. Deus continua confiando em você. Tenha confiança.
- Se não conseguir perdoar nem esquecer alguma lembrança que o faça sofrer e o mantenha desconfiado, busque ajuda. Cada dia é precioso. Não desperdice mais dias vivendo com o medo que a desconfiança provoca.
- Adote uma atitude positiva e otimista.
- Mantenha suas boas intenções, independentemente das intenções dos outros. Faça o bem.
- Face a uma pessoa aparentemente fraca ou com o moral baixo, enxergue o potencial que ela tem e continue confiando nela. Assim, você a ajudará a revelá-lo e reconquistar autoconfiança.

Bondade

A bondade de um coração bem-intencionado irradia e atrai. Sua presença é aceita e acolhida de braços abertos. O mundo necessita de presenças bondosas. Presenças claras. Presenças que não tenham intenções distorcidas, dissimuladas nem complicadas.

A bondade de um coração bem-intencionado irradia e atrai.

Um ser bom não prejudica nem se aproveita dos outros por nenhum motivo pessoal ou comum. Deseja o melhor para todos.

Sua presença inspira confiança e bondade nos outros. Suscita boas intenções e une energias para criar espaços de bondade em que todos se sintam bem e acolhidos.

Uma presença bondosa sobrevive às más intenções dos outros graças à sua sabedoria. Ser bom não é ser bobo. **A sabedoria inata nos protege e ajuda a nos mantermos a salvo da negatividade reinante.**

Para manifestar a bondade que há em você

- Tenha confiança.
- Procure fazer com que suas intenções desejem o bem de todos.
- Não busque vingança.
- Desenvolva a inteligência emocional, que lhe permite controlar e canalizar a raiva de forma construtiva e pacífica.
- Busque sempre a melhor solução, a que beneficiará a todos emocional e espiritualmente. Não baseie suas decisões em seu egoísmo.
- Não julgue nem critique os outros sem fundamentos. Cada um tem sua história, e às vezes nem ele mesmo a conhece. Não julgue. Como diz Dhyani Ywahoo: "Nunca julgue ninguém antes de ter andado mil quilômetros com seus sapatos"[18].
- Pense bem.
- Cultive sua inteligência emocional e espiritual, para se proteger das más intenções dos outros e poder manter seus bons propósitos.

---

18 Ibid.

Coragem

Cultive a coragem da convicção. Faça ou morra [Do or Die].

Gandhi[19]

Uma presença corajosa incentiva, lança desafios, tira os outros de suas limitações; cria espaços incômodos, já que incita as pessoas a saírem de suas zonas de conforto para ousar mudar. Uma pessoa corajosa fortalece você. Olha para a frente e, graças à sua coragem, não se detém, mas não o deixa sozinho. Quando combina coragem com amor, amabilidade e humildade, a presença dela o abraça e não o deixa desamparado.

Ao longo da história, vivemos o poder das presenças transformadoras que exerciam força e coerção para efetuar mudanças. Tentativas de mudança à força continuam circulando nas veias de muitas pessoas. Essa é uma forma ineficaz e pouco duradoura de incentivar as pessoas a mudarem. A força atua sobre o medo da "vítima". Ela alimenta o temor de que, se recusar fazer o que lhe dizem, serão aplicadas medidas de força que lhe causarão dor e sentimentos de culpa. Isso continua ocorrendo em algumas empresas e governos. Qualquer mudança imposta pela força, sem diálogo nem compreensão, é contraprodutiva. Não é uma mudança estrutural. Não transforma.

A força realmente motivadora de mudanças se exerce quando a motivação na hora de mudar vem do indivíduo de

---

19 Conferência dada por Gandhi na reunião do Aicc (All-India Congress Committee), 8 de agosto de 1942.

modo voluntário. Para realizá-las, é muito útil demonstrar que a mudança será benéfica para ele e para todos.

> *Se você aprender a virtude da coragem, ninguém poderá humilhá-lo.*
>
> Gandhi[20]

Para que sua presença seja corajosa, você deve se liberar do poder que o medo exerce em suas decisões. Você se libera do medo quando age com sinceridade, sem hipocrisia nem enganação. Mesmo quando agiu erroneamente, você realizou ações que sabe que não estão certas; se hoje se der conta disso, você terá o poder de se transformar, com a determinação e a coragem de fazer o que sabe que é certo, e superará o medo. Se hoje plantar as sementes de ações certas, não temerá o futuro, pois sabe que ações certas trazem uma recompensa, um fruto adequado e um doce retorno. Sua consciência ficará tranquila e livre do medo. A coragem se manifestará em você.

Para que sua presença seja corajosa, você deve se liberar do poder que o medo exerce em suas decisões.

Ser corajoso implica superar alguns medos praticando fazer aquilo de que você tem medo sempre, contanto que seja algo positivo e válido. Eleanor Roosevelt afirmou: “Faça o que você teme, e a morte do medo está garantida”. Por exemplo, se

20 Conferência dada por Gandhi na Congregação para uma Oração, 22 de dezembro de 1945. Gandhi costumava dirigir orações matinais em seu Ashram em Ahmedabad, na Índia.

não der o passo de coragem para vencer o medo de se expressar, você continuará sendo vítima desse medo, que desorganiza as ideias e faz você perder o fio da meada ao se expressar. Além disso, o medo produz torpor verbal e faz com que um orador perca sua imagem de credibilidade. Você tem de vencê-lo. Para consegui-lo, pratique e mude a visão que você tem dos ouvintes: eles não são uma ameaça, não são juízes, mas lhe oferecem a oportunidade de se expressar; se você se valorizar, não terá medo de não ser estimado por eles.

O medo do fracasso – por exemplo ao se apresentar em uma entrevista de emprego ou face a alguém – pode ser sinal de insegurança pessoal. Você tem de trabalhar isso para se sentir mais seguro e firme. Adquirir segurança na hora de se comunicar e se expressar requer formação, prática e incentivo. Valorize-se. Se você se valorizar, não se importará tanto se os outros o valorizam ou não. Se, ao contrário, não conseguir se valorizar, permanecerão as dúvidas: "Será que eles me valorizam?", "Talvez isso não seja para mim", "Talvez eu não sirva para isso". Você passa então a depender do reconhecimento e da consideração dos outros. Assim, sua coragem não aflora. Sua presença em uma entrevista de emprego não será corajosa, mas sim tímida.

Acreditamos e estamos condicionados a pensar que nosso medo nos manterá a salvo e o tratamos como se ele fosse uma luz vermelha, um sinal que nos diz que devemos frear. Tirar um tempinho todo dia para realizar pelo menos uma coisa que você teme ou face à qual se sente um pouco inseguro ou nervoso o ajuda a se recondicionar internamente para começar a enxergar o medo como um sinal verde e desenvolver coragem e valentia interior.

Cultive a coragem, e seu coração poderá se abrir. Você tem medo porque quer proteger seu coração: sente que algo pode feri-lo e o esconde pensando que assim o está protegendo. Esconde-o para não encarar a possibilidade de ser rejeitado ou para evitar uma derrota.

Ao cultivar a coragem, você desperta seu coração e deixa para trás o ressentimento que o "encouraça". Na meditação, enxerga com clareza todas as couraças com as quais você se cobriu. Começa a abandonar o temor de se abrir e tira o coração dessa prisão na qual você próprio o colocou.

Cultive a coragem, e seu coração poderá se abrir.

Cultive um coração valente, desperto e transparente. Abra-se para os seus sentimentos, expresse-os e abandone-os, sem necessidade de julgá-los nem justificá-los. Assim, você desenvolve habilidade para amadurecer e poder viver e sentir o calor da vida sem medo. Lembre-se de que ninguém pode magoá-lo se você não permitir.

Por que sua presença não brilha todo dia, desde a manhã até a noite? Que cara você faz quando está frustrado ou entusiasmado? Que cara você faz quando está com medo ou é corajoso, forte e positivo?

Um sinal de que você ama a si mesmo é se permitir ser corajoso, para brilhar com todo o seu potencial, deixando sua beleza interior se manifestar. Procure se amar, ser e brilhar. Assim, os velhos hábitos vão morrendo, e você fortalecerá o hábito de ser corajoso.

Construa sua autoestima sendo corajoso, até a coragem se tornar um hábito que faça parte de você. Ouse ser. Ouse ter confiança, aceitar a liberdade própria e alheia, estar aberto às ideias dos outros, ser criativo, errar e aprender: essa é a base de uma vida plena e bem-vivida.

Ouse sonhar e ser capaz de concretizar o sonho.

Ouse confiar em si mesmo, nos outros e no futuro da humanidade.

Ouse cooperar e compartilhar.

Ouse viver e desfrutar.

Ouse perder o controle da situação.

Ouse pensar de forma diferente.

Ouse perder seguranças.

Ouse sentir.

Ouse expressar o que você está sentindo.

Ouse fracassar.

Ouse mudar.

Ouse ser.

Ouse ser livre.

Ouse brilhar.

Ousar construir pontes destinadas a aproximar é fundamental para criar um relacionamento sadio no qual a comunicação flua. Essa ousadia ajuda você a sair do silêncio, do medo e da covardia. Assim, você pode construir relações saudáveis.

Com os outros, ouse com coragem viver desperto, ver, estar atento, interessar-se pelos outros, ir até o fundo dos assuntos, pôr-se no lugar deles, compreendê-los, abrir os olhos para enxergar e o coração para sentir.

Ouse quebrar barreiras, abrir couraças, derrubar muros e romper estruturas, para chegar ao mais profundo de si mesmo, ao que você realmente é.

Para que sua presença seja corajosa

- Ouse.
- Você pode praticar a seguinte meditação:

> Estou enraizando meu ser no silêncio,
> e me focalizando no Divino,
> e absorvendo a bênção da Verdade,
> que me dá a coragem de fazer as mudanças necessárias sem me acovardar, sem dar desculpas, sem dramatizar.
> ANTHONY STRANO[21]

- Seja sincero: a sinceridade é a base de um coração valente.
- Seja íntegro: a integridade é a base de uma vida equilibrada, na qual a coragem se manifesta facilmente.
- Faça uma lista de tudo o que você faria se não tivesse medos. Ordene-a por prioridades. E... comece a fazê-lo! Como se o medo não existisse. Não se reprima.

---

21 STRANO, A. *Los cuatro movimientos*.

Honestidade

A verdade transforma, porque chega à raiz onde se forma nossa percepção da verdade.

Javier Melloni[22]

Tem uma presença honesta quem não engana. Sua linguagem é clara, não abrindo espaço para mal-entendidos nem confusão. Ela nasce da sinceridade do que a pessoa quer dizer. Sequer sabe mentir. Sua honestidade irradia de dentro para fora. Você pode confiar na pessoa porque sabe que ela não mente. Com honestidade, ela é transparente em todas as suas decisões e ações. Quem é honesto escuta objetivamente. Você não o ouvirá dizer: "é que você me disse isso e aquilo, por isso eu agi assim e lhe disse ou não disse...". Não precisa dar explicações. É claro.

Um coração honesto pode conviver e fluir com muitas pessoas, pois não teme e não tem nada a esconder. Com desonestidade, ao contrário, quando você faz coisas que sabe que não estão certas, está ciente de que haverá uma repercussão, o que suscita medo dentro de si.

Um coração honesto pode conviver e fluir com muitas pessoas, pois não teme e não tem nada a esconder.

Se a sua faculdade de avaliar e decidir, ou seja, se o seu intelecto estiver corrompido, você realiza avaliações erradas. Assim, facilmente, escolhe e toma decisões erradas, desonestas ou ilógicas. Ao duvidar, seus pensamentos ficam confusos e indecisos, e você se sente perdido. Justifica a desonestidade,

22 MELLONI, J. *El Cristo interior*.

aceita contribuições erradas e é incapaz de distinguir entre o real e o imaginário.

Uma pessoa com um intelecto puro, claro e limpo age com honestidade e sinceridade. No silêncio e na meditação, você aprende a reconquistar seu estado de paz, honestidade e autenticidade. Com honestidade e bondade, limpa seu intelecto e recupera a capacidade de decidir com clareza. Com meditação, esclarece a mente e o intelecto.

Também é necessário modificar os hábitos adquiridos. No processo de redescobrir seus próprios valores, você precisa limpar qualquer rastro de desonestidade em si mesmo. Com o tempo, você adquiriu alguns hábitos nos quais provavelmente se infiltrou a falta de honestidade, autenticidade ou sinceridade total. Se não houver verdade nem sinceridade total, surgirá o medo. Quando você quer uma coisa e logo depois não a quer mais, seus propósitos não estão claros – falta-lhe sinceridade consigo mesmo. Os desejos abafam sua voz interior mais sincera. Viver no autoengano nos mantém viciados e dependentes. Para nos liberar, devemos olhar de frente a nossa realidade interior: nossas sombras, nossos medos. Ao vê-los, sejamos sinceros: queremos nos manter em águas turvas? ou... estamos dispostos a nos limpar e nos desapegar?

Quando você entra no jogo de dizer meias-verdades ou meias-mentiras, logo tem de dizer muitas outras mentiras para encobri-las, o que provoca certos medos. Exagerar também é mentir: se há dez, há dez, por que você vai dizer que há cinquenta? Exagerar é uma forma de não expressar a realidade como ela é, mas sim se baseando em uma percepção que distorce essa realidade.

Durante o dia, vamos incorporando essas mentiras, nas quais falta honestidade; dizem que quem mente um pouquinho é tão mentiroso quanto quem diz uma grande mentira; ladrão é quem rouba *1* caneta e ladrão é quem rouba *10.000*.

Se quiser transformar os medos, você tem de ser totalmente honesto. "O Senhor se compraz com um coração sincero." A honestidade aproxima você de Deus. Quando você age baseado em sinceridade e honestidade e não guarda falsidade, hipocrisia nem enganação, você não tem nada a esconder, ou seja, é o mesmo por dentro e por fora, não cria uma imagem falsa. Ao ser assim, você se libera de medos.

Quem é honesto pode se mostrar tranquilo face a milhares de pessoas, pois não tem nada a esconder, é transparente e autêntico. Deus nos deu liberdade para brilhar. Com sinceridade, nossa energia se manifesta com entusiasmo. O ser expressa a alegria de viver. Você adquire uma visão positiva e brilha.

A plenitude nasce do trabalho feito adequadamente, com precisão; do trabalho sincero feito de coração e com honestidade; da simplicidade e do ato de apreciar as coisas simples da vida.

Para aprofundar a sua honestidade e fazê-la ter impacto

- Medite e limpe a sua mente de pensamentos confusos.
- Faça "tábula rasa" e pratique o "passado é passado" com relação aos erros e equívocos que você tenha cometido. Comece a ser 100% honesto agora.
- Observe sua dificuldade em dizer 100% o que é, o que você sente e o que pensa. Ouse ser honesto e não omitir nada. Embora uma verdade possa magoar o outro, ela nunca o magoará mais do que uma mentira ou omissão. Essa última provoca desconfiança, e, quando se quebra a confiança, é muito complicado reconquistá-la. De fato, dizer a verdade só magoará o outro se ele tiver apegos, dependências ou expectativas. Seja claro, pois assim você não será responsável pelas expectativas do outro. Se tiver suscitado expectativas ou dependências no outro com relação a você, seja sincero.
- Não exagere. Diga o que é, nem mais nem menos.
- Se permitir que na sua vida haja transparência, você não terá nada a esconder: "Esse é quem eu sou", "Isso é o que aconteceu comigo", "Eu errei, peço-lhe perdão".
- Você não precisa se justificar. O ego sempre necessita justificar e se justificar: por isso, por aquilo, por aquilo outro etc. Libere-se da necessidade de se justificar. Esclareça quando for necessário, mas não por medo da opinião ou do juízo de valor da outra pessoa. Esclareça por amor e por levar o outro em consideração.

• Não aja por ganância, egoísmo, apego ou dependência. Enquanto continuar agindo de acordo com essas fraquezas, continuará tendo medo e lhe será difícil ser honesto.

• Para sentir plenitude em sua vida, aja honestamente, de acordo com seus valores. Não tente criar nem passar uma imagem que implique ser diferente por fora e por dentro. Não tenha medo.

Abertura e transparência

Nada deve ser feito em segredo. Essa é uma revolta aberta. Nessa batalha, a clandestinidade é um pecado.

Gandhi[23]

Abertura e transparência são o resultado de ter um coração puro. Uma presença transparente constrói confiança e faz com que você se sinta parte de uma construção em conjunto. Diante da presença de um ser aberto, sua energia flui, e você se sente bem. Uma abertura honesta faz com que o melhor de si e dos outros se manifeste. Nessa abertura, há transparência. Você não tem medo e, portanto, não precisa se esconder. Quando está presente com a honestidade do seu ser, você se abre.

Uma abertura honesta faz com que o melhor de si e dos outros se manifeste.

23 Conferência dada por Gandhi na reunião do Aicc (All-India Congress Committee), 8 de agosto de 1942.

Gisela Zuniga conta seu caminho de transformação dizendo: "A aprendizagem consistia em se tornar transparente! Olhar através! Não ficar aderido à superfície! Desprender-se cada vez mais de si mesmo, do ego, e encontrar o Eu em uma esfera cada vez mais profunda e contemplá-lo, para, a partir daí, viver com essa fonte. Exercitar-se com silêncio e atenção se tornou importante para conferir ao momento presente sua dignidade própria e vivê-lo, vivenciá-lo e saboreá-lo"[24].

A transparência da revolução que Gandhi provocou e liderou foi o segredo de seu êxito. Em 1924, ele escreveu: "Não tenho métodos secretos"[25]. "Quando puder, aja em público, e, em privado, aja como se estivesse em público. Seja um livro aberto. Um livro fechado tem pouco sentido e menos valor"[26].

Com abertura, todas as linguagens falam. Todas as suas energias entram em sintonia: sua consciência, suas decisões, seus pensamentos, o que você sente, faz e expressa. Não há contradição entre o que você pensa, o que sente, o que quer dizer e o que finalmente diz.

Algumas pessoas dizem certas palavras com a boca, enquanto o corpo transmite outra mensagem. A pessoa não está em sintonia. O corpo não mente. A presença dela não é aberta. Você nota falta de transparência. Transmite corporalmente o que a sua alma está sentindo. Embora tente dissimulá-lo com um discurso bem-preparado, o corpo não engana. Se você pas-

---

24 ZUNIGA, G. *Está todo ahí.*

25 GANDHI, "My Path". *Young India*, 11 de dezembro de 1924.

26 AXELROD, A. *Gandhi Ceo* – 14 princípios essenciais para guiar e inspirar grandes líderes. Lição 52, "Seja um livro aberto".

sar uma mensagem contraditória (uma com palavras e outra diferente com o corpo), sua presença diminui e confunde, provocando desconfiança ou rejeição no outro.

Manter-se aberto e transparente é positivo sempre que seja com relação à sua vida e a assuntos seus, não dos outros. Ser aberto e transparente não significa trair o que lhe foi confiado. Em todo relacionamento pessoal, confidencialidade é essencial. De qualquer forma, guardar muitos segredos e esconder informação pode ser contraprodutivo, já que se levantam suspeitas e suspicácias. Isso pode gerar desconfiança.

Se sentir necessidade de não ser transparente e não se abrir, é bom refletir sobre os motivos que o levam a isso. Quais são as intenções que o incitam a querer esconder, tentar acobertar ou se fechar?

Para que sua presença seja aberta e transparente

- Busque a companhia de pessoas cuja presença faça com que lhe pareça mais fácil se abrir.
- Não tenha medo de errar. O medo de errar o fecha, impedindo-o de dar passos que você poderia dar. Ouse errar.
- Assegure-se de que você escuta seu corpo e sintoniza as palavras que diz e a sua consciência. Deixe seu corpo senti-lo e comunicá-lo.
- Mantenha-se leve e de bom humor.
- Ria de si mesmo: isso o abre.
- Reflita sobre o conselho de Gandhi: Quando puder, aja em público, e, em privado, aja como se estivesse em público. Seja um livro aberto.

Adaptabilidade

Uma presença que se adapta faz você se sentir à vontade. Você não precisa procurar satisfazê-la. Ela se adapta ao que vai acontecendo, e a vida dela é como uma viagem harmoniosa. Embora as coisas obviamente não deem certo nem andem como estavam previstas, essa presença continua brilhando ao se adaptar a circunstâncias mutáveis. Não se apega a planos pessoais e tem consciência do plano global. Aceita o fato de haver um plano divino e um *carma* coletivo, adaptando-se a ele. Ao fazê-lo, a criatividade dela flui e sempre encontra soluções. Não vive mergulhada em queixas e nem se lamenta.

É uma presença firme e forte, que se adapta a situações, pessoas e realidades, sem perder sua plenitude nem deixar de brilhar. Quanto mais rápido se adaptar, ou seja, quanto menos resistências opuser a mudanças, maiores serão a flexibilidade e o impacto dela.

Que prazer estar junto com uma pessoa que se adapta assim! Ela faz você sentir a alegria de viver. Ao lado dela, você sente que tudo é mais fácil do que suas complicações mentais imaginam. Tal facilidade, suscitada por uma presença que se adapta, nasce de uma profunda sabedoria interior. A pessoa compreende que a vida é mudança, que em cada momento ocorrem mudanças, que a Terra está girando constantemente, que nada está parado, nada é definitivo, e que tudo muda.

A mudança é a lei da vida. No entanto, quanto lhe custa aceitar mudanças! Quando você gosta de algo, deseja que permaneça do mesmo jeito. Você tem de aprender a gostar do processo de mudança. Por exemplo, você conhece uma pessoa, gosta de como ela está, gosta de como ela é e quer que seja sempre assim. Porém, essa pessoa muda, e você também. É importante se adaptar à mudança para não se frustrar. Uma adaptação contínua lhe permite continuar aproveitando cada instante.

Uma adaptação contínua lhe permite continuar aproveitando cada instante.

"Na realidade mutável, não há ponto de referência nem certezas. Como o mundo real está em contínua mudança, não há segurança. Quando a realidade nos demonstra isso brutalmente (como quando perdemos um ente querido), então nos vemos obrigados a enxergar a realidade como ela é por um instante: dentro da pura dor, experimentamos a iluminação"[27].

Contudo, um instante depois, por um mecanismo de autodefesa, recaímos na ilusão de permanência e segurança. É o nosso apego que nos dá a ilusão e a crença na quimera de que há pontos de referência e seguranças. Ao deixar de lado o apego, podemos abandonar as seguranças.

Poderíamos resumir essas seguranças nos oito "p" (posição, propriedade, pagamento, privilégios, prestígio, poder, pessoa e posto). São seguranças óbvias que vêm e se vão, e logo aparecem outras que também se vão. São como um rio em constante movimento. Se tentarmos parar a corrente do rio, criamos uma represa, a água se estagna e provoca uma pressão que vai se acumulando dentro de nós. Vivemos sob a pressão do tempo, dos prazos, do que temos de fazer, mas, sobretudo, sob a pressão gerada pelo medo do que poderia acontecer, medo do que poderíamos perder ou do que sentimos que já estamos perdendo.

---

27 CESARE GIACOBBE, G. *Como virar Buda em cinco semanas.*

Agimos com medo, insegurança, apego e obstinação porque temos medo de perder, porque baseamos nossa identidade e autoestima em poder, em privilégios ou em nossas propriedades. Perdê-los supõe uma ameaça contra nossa identidade.

Face a essa dinâmica do comportamento humano, é preciso confiança, criatividade e coragem. Aprofundar-se dentro de si, saber refletir e parar de jogar a culpa no mundo exterior. Assumir suas responsabilidades e saber se desprender. Tudo aquilo de que realmente necessitamos virá ao nosso encontro, não precisamos nos apegar a nada.

Nossa segurança reside no ser. Devemos nos voltar para dentro de nós, conectar-nos com todos os nossos tesouros internos, nossos valores, e vivê-los. Viver de dentro para fora. Viver e expressar nossos valores. Isso nos dá a segurança de que temos recursos internos para nos adaptar sem afundar nos mares agitados de uma realidade em constante mudança e movimento.

Quando uma doença terminal é diagnosticada em um dirigente que tenha à sua disposição os oito "p", sua vida dá um giro radical. Esses oito "p", aos quais ele dedicou tanto tempo e energia, deixam de ter importância. Ele se dá conta de que o essencial está no amor, amizade, paz e prazer de viver em plenitude.

Você vai ficar esperando diagnosticarem em você uma doença terminal ou acontecer algo grave na sua vida para encontrar o essencial, seus valores, e dedicar mais tempo para vivê-lo?

Adaptar-se à realidade em constante mudança requer visão e capacidade de se manter à tona sem afundar. Trata-se de ampliar o campo de visão para que as árvores não o impeçam de enxergar o bosque, para que as pessoas não o afastem do seu ideal e nem ofusquem a sua visão global. Manter-se à tona, para que a água do rio das circunstâncias não entre no barco da sua mente nem do seu coração, o que o afundaria em preocupações, ansiedades e sofrimentos. Viver o essencial o mantém à tona.

Para que sua presença seja adaptável

- Pare de resistir. Observe quando e por que você resiste. Abra os olhos. Ao abrir os olhos, você verá a luz que o ajudará a ceder.
- Lembre-se de que aquilo contra o que você resiste persiste.
- Face a uma mudança: Atenção! Não reclame! Com paciência, você a agradecerá.
- Reconheça que tudo está em contínua mudança: aceite isso e vá navegando sem largar o leme do seu barco.
- Pratique a tolerância. A tolerância desenvolve a habilidade de se adaptar aos problemas da vida cotidiana. As centenas de pessoas que correm para a estação de trem depois de um duro dia de trabalho estão provavelmente cansadas e chateadas. A arte de se adaptar às circunstâncias é posta à prova quando se escuta o aviso: "Todos os trens foram cancelados devido a dificuldades técnicas. Pedimos que os passageiros usem outras alternativas". Tolerar os inconvenientes da vida é se liberar deles, sentindo que não são inconvenientes; é ser leve, tornar os outros leves, e seguir em frente. As montanhas se transformam em montes de areia, e estes, em sementes de mostarda!

Acessibilidade e humildade

Uma pessoa com presença espiritual verdadeira, ligada à sua essência e plenitude, é acessível. Não fica afastada dos outros e nem em cima de um pedestal. Os outros talvez tentem colocá-la em um lugar mais alto, pois a admiram. Porém, ela própria não sobe em pedestal algum. Não aceita ser guru e nem mestre venerado. Sabe que seu amor pelo silêncio e pela reflexão a ajudam a se conectar com a sabedoria universal. Isso a torna uma pessoa com muita riqueza a compartilhar. Essa prática e vivência a diferencia dos que não se alimentam internamente, mas nem por isso ela se sente superior.

Os outros querem segui-la. Porém, a atitude dela é prestativa, e não de venda ou negociação do que ela sabe. Permanece disponível e acessível. É **humilde**. Entendemos humildade aqui como uma atitude aberta a continuar aprendendo, sem altivez pelo que a pessoa é e nem pelo que sabe. Sem arrogância por causa de suas conquistas.

Uma pessoa humilde tem consciência dos esforços que realizou para conseguir ser quem ela é e estar onde está. Já percorreu um caminho, o qual ela coloca à disposição para que outros indivíduos também o sigam. É acessível enquanto pessoa e põe sua sabedoria e o caminho que percorreu a serviço de quem o desejar.

Uma pessoa humilde tem consciência dos esforços que realizou para conseguir ser quem ela é e estar onde está.

A presença dela lhe dá a esperança de você também encontrar e percorrer o seu próprio caminho. Desperta a sua expectativa de encontrar o seu caminho no grande caminho. Com tal presença, ela compartilha seus métodos, esforços e travessias, para que você possa chegar aonde ela está ou ir mais além.

Para ser acessível, estar disponível e ser humilde

- Ouse estar perto. Não tema a aproximação.
- Tenha confiança. Não tema decepções.
- Não dependa de elogios.
- Não se esconda, só ponha limites quando vir que os outros não têm boas intenções ou representam uma distração ou se tornam dependentes de você.
- Alimente-se com leituras e reflexões profundas.
- Lembre-se de que você é um estudante, um aprendiz da arte de viver.
- As pessoas não são interrupções, mas sim oportunidades para que ocorram encontros sagrados.

Inocência: a presença sem couraças

Há momentos em nossa vida em que estamos conectados com nossos ideais e sonhos mais profundos. Porém, parece que logo depois uma ou várias cortinas nos tapam a visão, impedindo-nos de ver e viver essa energia animadora que nosso ideal nos proporciona.

Algumas dessas cortinas estão relacionadas com convicções autolimitantes. Outras têm a ver com nossa tendência a intelectualizar as situações e colar etiquetas em tudo. Isso nos afasta da inocência e do frescor de um olhar limpo e sem julgamentos.

Diante de um bebê, abandonamos nossas couraças e farsas, as cortinas se abrem, e reconquistamos o espaço de inocência de alguém que sequer conhece o sentimento de culpa. A energia de um bebê é limpa, pura, sem ilusões e nos inspira confiança. O bebê nasce com a confiança de que o Universo lhe dará aquilo de que necessita para se alimentar, crescer e se realizar.

Em presença de um ser sem couraças, despimo-nos das nossas. Abandonamos ilusões, farsas, etiquetas e outras limitações, entrando em um espaço pleno de sinceridade e autenticidade. Nosso coração sorri.

Além dos bebês, há adultos que têm a capacidade de nos levar a esse espaço de sábia inocência. São sábios, santos, gurus, monges e freiras, são pessoas que passaram anos liberando-se das ilusões, das crenças falsas, dos condicionamentos do mundo, regressando ao seu estado de ser original, puro e inocente. Também há pessoas nesse estado de inocência que talvez não se tenham cultivado espiritualmente, mas viveram muito tempo em contato com a natureza – são pessoas muito simples e, ao mesmo tempo, sábios que mantiveram sua pureza interior.

Uma vez, Jagdish Chander, um mestre *raja yogui* da Índia que conheci nos anos 1980 e que já morreu, contou-me que havia ido a Nova York. Uma noite, enquanto caminhava por uma rua, apareceram quatro homens, fortes e mais altos do que ele, que o ameaçaram. Ele então lhes perguntou se conheciam a dança típica da Índia e se pôs a dançar. Os homens sorriram. O semblante ameaçador deles se transformou em sorriso. A inocência da resposta de Jagdish chegou até a alma daqueles homens, que o deixaram continuar andando. E Jagdish foi embora, dançando rua abaixo.

Só pode ter esse tipo de reação uma pessoa segura de si mesma, que não tenha medo e cuja criatividade não esteja bloqueada. Qualquer outro começaria a gritar, tremer, ficaria paralisado, desmaiaria ou se jogaria no chão, enfim, teria uma reação de trauma ou pânico.

Não devemos confundir inocência e ingenuidade. A inocência é um estado de conexão com a sabedoria inata do ser; nasce de um coração sem traumas e de uma mente sem complicações. Para regressar ao estado de inocência original, você deve limpar seu coração de traumas e calar as complicações da sua mente.

A inocência é um estado de conexão com a sabedoria inata do ser.

Com inocência, você entra em contato com o outro autenticamente. **Com a autenticidade da inocência, surgem a beleza, virtude e verdade do ser.**

Para que sua presença emane inocência

- Cuidado com as complicações que a sua mente cria. Volte à simplicidade do pensamento positivo.
- Observe as meninas e os meninos; contagie-se com a inocência deles.
- Redescubra a sua menina ou menino interior.

• Desenhe. Relaxe utilizando lápis de cor ou cera e desenhe seus sonhos.

• Veja como o seu coração sorri.

• Medite para se liberar das ilusões.

• Questione suas crenças e libere-se das que não sejam verdadeiras. Se quiser se aprofundar mais nesse tema, eu o discuto amplamente no livro *Viver em liberdade – Limites, sonhos e o essencial*. Há crenças libertadoras e outras que o prendem. A inocência nasce de um coração livre.

Tolerância

Tolerância não é fazer concessões, mas tampouco é indiferença. Tolerância é conhecer o outro. É o respeito mútuo através de um entendimento mútuo. Devemos abandonar os velhos mitos e aplicar o resultado dos estudos realizados recentemente: O homem não é violento por natureza. A intolerância não faz parte de "nossos genes". O medo e a ignorância são as raízes da intolerância, e seus padrões podem impregnar a psique humana precocemente.

Federico Mayor Zaragoza[28]

---

28 Escrito para o Ano da Tolerância, 1995, quando Federico Mayor era diretor-geral da Unesco.

A razão de ser da tolerância é a convivência pacífica. Quando a tolerância reconhece a individualidade e a diversidade, eliminam-se as máscaras que provocam desacordos e se dilui a tensão criada pela ignorância. A tolerância oferece a oportunidade de descobrir e eliminar estereótipos e estigmas associados a pessoas consideradas como diferentes devido à sua nacionalidade, religião ou patrimônio cultural. Assim como um jardineiro reconhece as características de cada variedade de semente e prepara o solo de forma adequada para cada uma delas, uma pessoa tolerante respeita a singularidade de cada indivíduo. Uma pessoa tolerante atrai outra diferente através de entendimento e mentalidade aberta; e, ao aceitá-la e recebê-la de maneira genuína, mostra sua tolerância na prática. Em um terreno tão fértil, as relações florescem.

Uma presença tolerante abraça a diversidade. Compreende, aceita e não julga. Assemelha-se a uma árvore: forte e enraizada. Se alguém joga pedras na árvore, ela lhe devolve seus frutos. Da tolerância, nasce a generosidade. Uma presença tolerante está livre da raiva. Não tem ira. A manifestação da raiva é uma expressão da falta de tolerância. Há muita raiva no mundo. Precisamos de presenças tolerantes que apaguem o fogo da violência que arde em tantos lugares e tantas mentes.

Uma presença tolerante cria espaços nos quais a criatividade pode se manifestar com naturalidade. Quando nossa criatividade flui, é mais fácil encontrar soluções. Para superar problemas, você precisa, de um lado, de poder interno e, de outro, da capacidade de tolerar. Tolerar não significa aguentar. Tolerar é aceitar, compreender e saber enfrentar. Isto é, tolerar não é aguentar e depois explodir. Com tolerância, você dissolve aquilo que, de outra forma, estaria aguentando. A tolerância age como o mar. Jogamos sujeira no mar, este a absorve e, com o tempo, transforma-a. Tolerar é ser como o oceano, ou seja, saber absorver e dissolver, fazer desaparecer.

Tolerar é ser como o oceano, ou seja, saber absorver e dissolver, fazer desaparecer.

A tolerância deve se equilibrar com a capacidade de enfrentar, que se baseia na valentia, coragem e segurança pessoal. Ter o poder de tolerar lhe dá segurança e confiança, com as quais você poderá, seguirá em frente e conseguirá. **A tolerância é necessária para conviver, ser e deixar de ser.**

Com a virtude da tolerância, você continua sorrindo e nunca desanima. Sorrir quando alguém o elogia não é ser tolerante. No entanto, quando alguém se torna inimigo, fica zangado e o insulta, mas você não demonstra o menor sinal de desânimo no rosto e nem em seus pensamentos, isso é ser tolerante. Olhar, falar e entrar em contato com paciência, compreensão, amor e respeito com uma pessoa com a qual você não tem boas relações é ter tolerância.

Nos antigos textos sagrados da Índia, mais especificamente no Ramayana, está representado Mahavir Hanuman[29], o deus macaco, grande herói do Ramayana, flexível e vencedor, levando uma grande montanha na palma da mão como se fosse uma bola. Essa imagem representa que, não importa se o problema, obstáculo ou tormento parece uma grande montanha;

29 Hanuman é o fiel ajudante e servidor do Rei Rama no Ramayana. Hanuman vence Ravana (o vilão que raptou a esposa do deus Rama). Tem poderes mágicos e curativos. É dotado de forças sobre-humanas.

transforme algo que pareça tão grande quanto uma montanha em uma bola, e você superará tudo como se fosse um jogo. Faça com que algo grande seja muito leve, e você também se sentirá leve. Não transforme uma pedrinha em uma montanha, transforme a montanha em uma bola. **Levar alívio à sua essência é tolerância.**

Ao desenvolver o poder da tolerância, você faz as coisas com prazer, seja um trabalho físico rotineiro ou uma conferência em um palco face a centenas de pessoas. Não estou me referindo a prazeres físicos, mas sim a viver uma vida com prazer em seu coração. Uma presença tolerante transforma qualquer situação tensa ou confusa em prazerosa.

Uma presença tolerante transforma qualquer situação tensa ou confusa em prazerosa.

A vida lhe ensina que você pode ampliar os limites da sua tolerância. Certas situações da vida são como testes para pôr à prova a sua capacidade de tolerar. Tais provas podem se apresentar primeiro na forma de agressões verbais e assédio de algumas pessoas contra você. Em segundo lugar, aparecem os diferentes obstáculos que se interpõem em seu caminho, dificultando a realização dos seus propósitos. Também há pessoas nas quais você confiava e que acabam se voltando contra você. Seus colegas de trabalho ou sócios se tornam seus inimigos e levantam oposição, porque não estão satisfeitos com relação a assuntos pequenos ou grandes.

A tolerância o ajuda a superar todas essas provações. Ao ter consciência de que o descontentamento de muitas pessoas se deve ao fato de elas se verem sob alguma influência que as afasta da plenitude, você guarda, a respeito das mesmas, sentimentos de benevolência e a intenção de lhes proporcionar sossego e vantagem. Com o poder do silêncio e da tolerância, você pode fazer com que os outros sigam em frente, superem e colaborem. Pode ensinar a lição da tolerância com doçura, desejos bons e sentimentos puros. Assim, você não somente segue em frente, mas também é uma luz no caminho para que os outros sigam em frente também.

Para que sua presença seja tolerante

• Enxergue a essência. Aumentar os obstáculos e problemas na sua mente ou falar deles de maneira exagerada significa criar uma tempestade em copo d'água. Não entre nessa dinâmica, ponha um ponto final e vire a página, pois assim você seguirá em frente. Uma pessoa tolerante sempre é capaz de reduzir os problemas e obstáculos à sua essência, com conhecimento, meditação e silêncio. Quando escolhe o caminho mais longo, você gasta mais energia e acaba esgotando também o seu tempo. Por que seguir o caminho mais longo se podemos pegar um atalho indo direto à essência? Ambos servem para cruzar para o outro lado, mas os que pegam um atalho podem economizar tempo e energia e, por isso, não se desanimam. Aproveitam constantemente e superam tudo com um sorriso. Isso é ser tolerante.

• Aprenda a viver na essência. Aceite as coisas como elas são. Não fique enrolando com perguntas do tipo "Por que isso? O que é aquilo? Isso não deveria ser assim, mas sim desse outro jeito". Quando você age assim, entra em um monólogo de pensamentos e palavras. O que acontece quando você fica tagarelando sem parar? Resmungar deixa você seco, sem fôlego e cansado. Quem é tolerante está a salvo de todas essas coisas e, por isso, sempre desfruta e aproveita, não tagarela, mas sim paira na plenitude de seu silêncio interior.

• Aprenda a tolerar sem mudar o seu estado de espírito. Estabilize-se em seu ser interno e, com calma, clareza e estabilidade, você poderá tolerar sem perder o seu bem-estar. Tolerar é aceitar, valorizar, compreender e apreciar. Não fazer uma tempestade em copo d'água, mas, ao contrário, reduzir qualquer situação complicada e enrolada à sua essência.

Gratidão

Uma presença grata é consciente do belo, verdadeiro e virtuoso. Ela o vive e o sente. Ela o transmite e o agradece. Sabe que, em meio a queixas e culpas, não se transforma positivamente. Ao agradecer, a pessoa gera bem-estar ao seu redor, criando um espaço de conforto no qual a transformação se dá sem medos nem julgamentos errados.

A gratidão nasce do apreço e da valorização. Uma presença grata está ligada ao que a vida lhe dá: saúde, vitalidade, grandeza e sentido.

Agradecer é reconhecer o que há de melhor nos outros e no mundo que nos rodeia. Quando afirmamos nossas forças do passado e do presente, os êxitos e o potencial que guardamos, vivemos agradecidos e apreciando.

Agradecer é reconhecer o que há de melhor nos outros e no mundo que nos rodeia.

Ao lado de alguém que vive apreciando e agradecendo, você se sente revitalizado, como se ele lhe desse asas para se abrir e existir.

É necessário mudar a nossa linguagem. É comum considerar as relações, sistemas e organizações como uma fonte de problemas que devem ser resolvidos, fechando assim as oportunidades de mudança. O fato de apreciar começa mudando a percepção anterior: vendo as organizações, sistemas e relações como espaços de grandes possibilidades, onde as forças e aspectos que se deve conservar são muito mais significativos e importantes do que as fraquezas e assuntos que deveriam mudar ou ser questionados.

Examinemos os elementos que geram vida nos sistemas, o que revitaliza as relações e a força que desenvolve as organizações, através de nossa capacidade de identificar e aplicar nosso potencial e competências. Mudemos a linguagem: vamos falar do que nos dá vida, das forças, do que está dando certo; e, nesse espaço emocional positivo e valorizador, teremos mais força para mudar e conquistar o presente e o futuro desejados.

Para fortalecer a gratidão

- Toda vez que a sua mente tender a reclamar, lamentar ou criticar, freie seus pensamentos. Pare durante alguns instantes. E reflita sobre o que você pode agradecer na situação em questão. O que ela lhe está ensinando? Que valor o incita a fortalecer?
- Tente fazer uma lista de todas as coisas que você pode agradecer na sua vida. Lembre-se dela toda vez que você tiver tendência a reclamar.
- Exercite a sua força de vontade: *você* manda na sua mente – não permita que ela se distraia com reprovações e queixas. Crie lemas valorizadores que tragam gratidão ao seu pensamento.
- Tenha conversas nas quais surja um elemento de gratidão. Você pode recorrer aos seguintes modelos de diálogos valorizadores:
    - Aprecie: O que é que a vida nos oferece? O que é que nos anima? O que nos move?
    - Imagine: Como as coisas poderiam ser? Ouse sonhar e conversar sobre os seus sonhos.
    - Dialogue: Como as coisas deveriam ser?
    - Inove: Como as coisas serão?

4
Habilidades de uma presença transformadora

Algumas atitudes básicas fortalecem sua capacidade de transformar a realidade com sua presença. Com muitas pessoas, ocorre o contrário: é a realidade que as transforma. Elas se deixam afetar pela mesma a tal ponto que chegam até a se dissolver ou afundar sob seu peso. Sem dúvida, é necessário ser forte para influenciar a realidade e não deixá-la enfraquecê-lo. Para conseguir isso, as atitudes e habilidades favoráveis são:

- observar
- favorecer
- ser um instrumento
- servir
- inspirar
- alimentar
- sustentar
- curar

Vejamo-las uma por uma.

Observar

Uma das características que considero como essenciais em uma pessoa com presença transformadora é sua capacidade de observar de maneira imparcial, a fim de distinguir as diferentes dimensões de uma situação: a dimensão material e corporal, que se vê com os olhos; as dimensões mental e emocional, que se sente com a mente e o coração; a dimensão "cármica", que se capta com a intuição; e a dimensão espiritual e transcendente, que se percebe com a alma.

Graças a essa capacidade, o observador está sempre presente sem se perder. Ele consegue manter sua presença justamente porque não se dispersa na situação e nem com os outros. Mantém sua integridade, autonomia emocional e poder mental. Não se torna um náufrago à mercê das ondas, correntes ou ventos que estejam soprando em tais momentos.

...o observador está sempre presente sem se perder.

Um indivíduo só é capaz de continuar sendo observador se não se distrair com o que estiver observando. Coisa difícil nos tempos atuais, em que a cultura do entretenimento e da diversão está em pleno auge. As pessoas assistem a filmes, vão ao circo ou a partidas de futebol e se perdem no que estão observando. Então gritam, pulam, riem, choram, aborrecem-se e se emocionam de acordo com o que estão observando. Esquecem-se de si mesmas e se tornam marionetes do que estão observando. Largam o leme de suas consciências, e o que ocorre no mundo exterior determina o universo interior delas. Em tais momentos, é como se o ser observador se dissolvesse no que está sendo observado.

O ser, o sujeito observador, dissolve-se no objeto observado. Se o que ele está observando lhe inspira uma emoção prazerosa, pula de alegria. Se, ao contrário, o que ele está observando o leva ao desespero ou à raiva, fica angustiado, confuso ou irritado. Perde sua capacidade de discernir com imparcialidade. Sem um bom discernimento, também não toma decisões com clareza.

As decisões determinam o nosso destino. Ao decidirmos ser influenciados por, e "dissolvidos" em, objetos observados, nossa presença não tem efeito transformador. Continuamos sendo espectadores e seguidores. Não recorremos ao nosso potencial de decidir e agir criativamente.

Quando alguém é capaz de observar sem se perder no observado, mantém seu discernimento. Tem a capacidade de reagir com criatividade, amor, positividade, sempre que tiver um bom nível de autoestima, segurança pessoal, confiança, clareza e coragem. Dessa forma, dispõe de um bom poder de enfrentar.

Também mantém a capacidade de observar à distância. É o que poderíamos definir como ser um observador desapegado, ou seja, que observa uma situação ou cena sem se envolver. Você não se apega a ela, nem fica amarrado. Mantém certa distância, como se fosse um filme. Portanto, não se deixa influenciar por ele e consegue controlar a si mesmo e a situação. Esta última não o domina – é *você* que a domina. Você não foge dela. Observar não é escapar, mas sim enfrentar e mudar para melhor. Você mantém a serenidade,

Observar não é escapar, mas sim enfrentar e mudar para melhor.

aceita e enfrenta a situação, compreendendo o significado e se liberando do impacto dela. Assim, sua reação é criativa, você resolve o problema ou melhora a situação e não permite que ela acabe com o seu bem-estar interno.

Vejamos um exemplo do que acabei de expor. Ram Prakash, um americano de origem indiana, amigo meu, é engenheiro. Em seu tempo livre, dedica-se à prática e ao ensino da meditação. Trabalhava como engenheiro no World Trade Center, as Torres Gêmeas de Nova York. Estava no 64º andar quando ocorreu o ataque terrorista de 11 de setembro de 2001. No dia seguinte, liguei para ele, que me explicou como essa capacidade de observar que cultivara em sua prática meditativa havia ajudado a si mesmo e aos outros. Graças a ela, salvou muitas vidas.

Ele me explicou o seguinte, que pouco tempo depois foi publicado por Ima Sanchís, em 13 de setembro de 2001 em "La contra", de *La Vanguardia*: "Quando houve a explosão, às 8:45h da manhã, éramos 150 colegas no escritório. O edifício começou a tremer. Os vidros se quebraram, e o metal das paredes caiu em cima de nós. Pensamos que era um terremoto. Reagi com bastante calma. Havíamos realizado simulações de evacuação em caso de acidente e sabíamos o que tínhamos de fazer, por isso descemos organizadamente pelas escadas.

Descemos trinta andares, atravessando uma fumaça espessa que quase não nos deixava respirar. Íamos em fila, bem juntos. Naquela altura do prédio, as pessoas estavam aglomeradas nas escadas, e não podíamos continuar descendo. Deixamos as pessoas queimadas passarem primeiro, e tivemos de carregar algumas nas costas.

Eu guiei o meu grupo. Pratico a meditação há 17 anos. Os exercícios de respiração me foram muito úteis para controlar a sensação de asfixia. A meditação me ajudou a ficar mais relaxado e encarar os acontecimentos com mais calma. Isso fez com que os outros me seguissem.

No 33º andar, a situação se complicou. Tivemos de esperar muito tempo no meio da fumaça. Havia uma confusão total. Enquanto tentávamos continuar descendo, subia um grupo de bombeiros. Ver como eles estavam arriscando a vida por nós nos deu ânimo. Pouco depois, a maioria daqueles homens ficou presa. Isso é difícil superar, mas eu me agarro à ideia de que o bem existe.

Quando a torre sul caiu, havíamos chegado ao 20º andar e escutamos outra grande explosão. O edifício inteiro sentiu o abalo e nos levantou do chão. Naquele momento, soubemos que algo assombroso estava acontecendo. Nossa saída estava se tornando cada vez mais lenta e desesperada, a fumaça era irrespirável, as pessoas gritavam e choravam.

Eu consegui manter a calma. Quando já estávamos perto do térreo, explodiram as tubulações de água. Formou-se uma cachoeira que descia com muita força pelas escadas. As pessoas escorregavam e se machucavam. O pânico foi crescendo.

Estávamos no escuro e caminhávamos com a água cobrindo nossos pés e em cima de 25 centímetros de escombros por um corredor completamente às escuras e cheio de fumaça. Todos os cabos pendiam acima de nossas cabeças.

Eu dizia aos meus colegas que eles haviam sido corajosos, animava-os para que mantivessem fé e confiança. Eu mesmo fico surpreso de ter conseguido respirar de forma quase normal e guiado as pessoas através da fumaça e dos escombros. Sentia-me alheio àquela catástrofe, como se estivesse fora de cena. Sentia-me como um menino assistindo a uma peça de teatro. Acho que esse é o momento de olhar para dentro e buscar Deus em meu interior".

Esse depoimento demonstra de forma claríssima como a prática de observar sem se perder no que você está observando o mantém a salvo, graças à sua clareza, calma e inteligência de decidir com a intuição do ser interior que o guia. Para conseguir isso, você precisa praticar o silêncio, que o coloca em contato com a sua capacidade de observar sem se desestabilizar.

Graças à capacidade de segurar o leme sem naufragar, ou seja, estar em meio à confusão das situações, relações e pessoas sem perder o norte e nem a autonomia, uma pessoa centrada mantém sua presença e consegue sentir compaixão em vez de raiva, alegria em vez de tristeza e coragem em vez de medo. Acima de tudo, mantém uma visão clara. Em linguagem oriental, diríamos que observa com o terceiro olho, que é o olho da sabedoria do coração da alma. Alma que vê e sente.

Uma pessoa cuja presença transforma não se desconecta de sua alma. Não ignora a realidade espiritual do ser. Percebe as fraquezas e sombras que afetam os outros e não os julga por causa disso. Sua compaixão se traduz em compreensão, perdão e amor. Os outros se sentem à vontade com quem observa sem julgar. A própria pessoa tem consciência de suas próprias fraquezas e sombras. Integra todas as partes de seu ser, e, por isso, sua presença é poderosa.

Quando você luta contra aspectos internos que parecem contraditórios e não consegue integrá-los, sua presença fica confusa, caótica e desequilibrada. **O equilíbrio é alcançado quando você é capaz de integrar luzes e sombras, alma e corpo, coração e razão.** Quem faz esse trabalho em si mesmo aceita as visíveis incoerências e contradições de outros seres humanos e não se confunde. Com amor, observa e compreende que ainda não integraram os diferentes aspectos de suas pessoas.

O equilíbrio é alcançado quando você é capaz de integrar luzes e sombras, alma e corpo, coração e razão.

Poderíamos dizer que uma pessoa que mantém sua presença com tal observação e concentração se torna um instrumento para a mudança. Graças à sua capacidade de observar, pode se envolver, mas sem se perder, conservando sua visão clara e guiando os outros sem impor nem forçar.

Uma pessoa centrada e presente não se perde em divagações. Não se distrai pulando de galho em galho, esquecendo que a seiva é que lhe dá vida. Mantém sempre os canais abertos a suas raízes. Quando a energia flui desde as raízes até as folhas, a presença é sentida a todo momento e em cada expressão da pessoa.

Para ser como essa árvore sadia, forte e presente, você deve prestar atenção em manter os canais internos abertos. Sem bloqueios, sem sabotadores, sem medos que interfiram e impeçam a energia de fluir. Você deve estar ligado à sua essência. Não se perder criando uma imagem e fingindo ser quem não é. Isso acontece quando você precisa da aprovação dos outros, segue modas, criando uma imagem desconectada da sua essência, ou se compara com outros, fingindo ser igual a eles.

Para ser um observador imparcial

Você só pode ser um observador imparcial quando:

- Não se deixa levar pelo pânico.
- Não tem expectativas.
- Não resiste.
- Aceita as coisas como elas são.
- Cultiva sua capacidade de desapego.
- Tem confiança.
- Controla sua mente.
- Alimenta sua calma interior.
- Mantém-se conectado consigo mesmo (sem cair em narcisismos).
- Não permite que a água do rio das circunstâncias e situações entre no seu barco. Assim, não afunda. Mantém-se à tona e continua navegando.
- Não permite que o mundo exterior determine o seu universo interior. Não cede o seu poder ao que ocorre lá fora.
- Está consolidado em seu poder interior.
- Não se deixa levar por seu sabotador interno: aquilo que boicota suas aspirações mais elevadas e o paralisa em um mar de dúvidas e inseguranças.

Você pode praticar um exercício de observação em silêncio: Relaxe. Respire fundo. Pense: eu não sou essa situação; estou me separando dela; tranquilizando minha mente. Estou pensando: nada é permanente; as situações vêm e se vão, assim como as ondas; tudo passará. Eu permaneço estável. Sou paz. Sou uma estrela e irradio paz.

Favorecer
Ser um instrumento

Uma presença transformadora favorece mudanças positivas. Possibilita que você se abra ao seu ser autêntico e que o melhor de si venha à tona.

Favorecer implica trazer à luz o que há de melhor no outro e potencializar a beleza inata dele. É fortalecer a presença do outro e torná-lo visível. Quem favorece não faz sombra, mas sim ilumina, para que as outras presenças se manifestem. Dessa maneira, capacita os outros, dando-lhes a possibilidade de se comunicar, ser e estar completamente presentes.

Favorecer implica trazer à luz o que há de melhor no outro e potencializar a beleza inata dele.

Um bom favorecedor coloca perguntas que fazem você sair de suas autolimitações e o levam a espaços de reflexão e questionamento transformadores.

Um favorecedor o ajuda a ter um bom foco, não perder de vista a meta nem os objetivos estipulados. Nesse sentido, a presença dele contribui para que você entre em contato com o essencial e descarte o desnecessário em tais momentos. Desse modo, sua energia e a do grupo se concentram. Da concentração nasce uma criatividade transformadora.

Um grupo de mentes concentradas em um propósito em comum produz resultados criativos e até milagrosos, sobretudo se utilizarem o processo da Investigação Apreciativa[30], através do qual são resgatadas histórias de sucesso e são compartilhados momentos de emoção positiva. Nesse espaço, nasce uma criatividade que gera espaços de expectativa, esperança e visão, e provoca grandes transformações.

Quando a sua consciência desperta, você percebe que a energia que move o mundo não o move mais.

Enquanto favorecedor, você pode se tornar o **instrumento** de uma presença elevada. São momentos em que uma energia de outra qualidade entra e age em você. Tais momentos podem ocorrer durante a contemplação da natureza, em oração, em contato com alguém, no silêncio e quietude provocados por uma doença e em outras ocasiões esporádicas e aparentemente casuais. No entanto, eles com frequência ocorrem quando a sua consciência desperta: você deixa de ser espectador e passa a ser ator, isto é, sua consciência fica ativa e receptiva. Você assume plena responsabilidade e tem consciência do impacto dos seus pensamentos, palavras, atitudes e ações.

Quando a sua consciência desperta, você percebe que a energia que move o mundo não o move mais. A energia do

---

30 A Investigação Apreciativa (*Appreciative Inquiry*) é um processo no qual se introduzem mudanças positivas em grupos, organizações, governos, escolas e empresas. A autora é professora credenciada por David Cooperrider, cofundador dessa metodologia. Dá aulas, forma e credencia a aptidão das pessoas, em colaboração com a Universidade Case Western. Mais informações em www.yesouisi.es

consumismo e das distrações não o alimenta mais, a da pressa, do egoísmo e da coação, repressão ou opressão não o move mais. Você se esvazia de atitudes egocêntricas, manipulativas e forçadas. Elimina ruídos internos. Permite que o outro exista. Abre espaço para a "Presença", e há luz dentro de si.

Quando você se sente assim, outra energia começa a agir no seu âmago: a luz não física, o sutil, o divino, a energia do amor, a presença desperta de sua alma, dos sentimentos puros e dos pensamentos ligados ao essencial. Sua presença se torna então transformadora.

Quando o poder espiritual age no seu âmago, você pode compartilhar com os outros o poder do amor e da cooperação, proporcionar-lhes uma experiência de paz, descanso e tranquilidade. E tudo isso em pouco tempo. Você oferece aos outros essa experiência sem necessidade de falar. Sua vibração e sua presença são transformadoras. **Você desperta os outros com a luz e o poder de sua presença.**

Você desperta os outros com a luz e o poder de sua presença.

Essa experiência lhe traz plenitude. Gisela Zuniga divide sua vivência: "Minha vocação e tarefa consistem em transmitir aos outros o que já me deu prazer, que quer fluir. Nenhuma outra ocupação poderia preencher minha vida como esta"[31].

Mahatma Gandhi é um exemplo emblemático dessa dimensão. Bapuji, como o chamavam carinhosamente ("Pai da Nação"), manteve-se fiel a alguns princípios espirituais e viveu com a consciência de ser um instrumento de algo maior

---

31 ZUNIGA, G. *Está todo ahí*.

do que ele, de uma energia Suprema e de um ideal de Não Violência.

Gandhi buscava viver a verdade. Para ele, ser um instrumento de mudança implicava viver e manter o foco no que realmente importava, nas metas que haviam sido estipuladas. Afastando-se de distrações que acarretassem conflitos de personalidade e brigas de egos inflados.

O grande desafio de Gandhi, ao liderar um movimento de massa visando a uma profunda mudança, foi elevar e manter a **paixão pelo compromisso**, não permitindo que as emoções obscurecessem o propósito do movimento nem prejudicassem os outros.

Ser um bom instrumento implica não se submeter ao medo da punição ou da culpa e nem à raiva. É importante se concentrar no propósito visado, e não nas emoções e nem nos egos das pessoas envolvidas. Para isso, é indispensável controlar suas emoções negativas e deixar emoções alheias que estejam sendo projetadas até você passarem batido sem alterá-lo. Nunca permita que a raiva ou o medo o desviem do seu rumo. Somente assim você será um bom instrumento.

Seja um favorecedor. Seja um instrumento

- Elimine ruídos internos para permitir que, dentro de você, atue a "Presença" de uma energia divina, curativa, transcendente. Para isso, medite, contemple, saboreie o silêncio. Aprenda a ser receptáculo e esperar.

• Identifique, aprecie e reconheça a presença dos outros.

• Faça com que o melhor dos outros venha à tona. Você pode lhes colocar perguntas positivas ou então verbalizar aspectos positivos que enxergue neles. Alguns exemplos de perguntas positivas:

- Lembre-se de um momento de plena criatividade na sua vida. Como você se sentiu? O que realizou para que aquilo fizesse a diferença?

- O que incentiva e move você, enquanto ser humano, a dar o melhor de si mesmo?

• Estipule metas que extrapolem a sua esfera individual, ou seja, metas que englobem os outros e o mundo em sua perspectiva. Não metas como "meu prazer, meu dinheiro, minha ideia, meu discurso".

• Não permita que suas emoções, nem as das pessoas que você esteja favorecendo, turvem a visão do propósito.

Servir

"Ele sempre dá, nunca quer ser servido", escreveu Gandhi[32] *a respeito de que muitos políticos buscam ocupar uma posição oficial mais para obter ganho pessoal e fama do que para servir o povo.*

Precisamos de líderes servidores que, ao acederem ao poder, não se corrompam e nem se apeguem à posição ou aos pri-

---

32 GANDHI. "Um parlamentar verdadeiro". *Young India*, 19 de novembro de 1925.

vilégios. Tais líderes não utilizam o poder, a posição e nem os privilégios com fins egoístas ou para enriquecerem ainda mais. São, em primeiro lugar, servidores e, com motivação para ser úteis, aspiram a cargos de responsabilidade para servir com mais influência. Não aspiram ao poder para obter benefícios pessoais e nem para alcançar fama, mas sim com a intenção de servir e ter influência no mundo.

Não esquecem que, em tal posição e com tais privilégios, podem oferecer um maior e melhor serviço. Podem beneficiar o mundo. No coração deles, clara é a vocação de servir, dedicar-se e contribuir para melhorar a situação local, nacional e mundial. Exercer liderança implica remover obstáculos, desobstruir o sistema organizacional e procurar não desanimar. Dedicar-se a servir e sem exigir ser servido. E, para tudo isso, é preciso generosidade.

Temos claros exemplos de líderes servidores, como Nelson Mandela e Mahatma Gandhi. Quando foi eleito presidente, Mandela diminuiu seu próprio salário. Manteve clara sua missão de servir e deixar a situação do país e o *apartheid* melhores do que ele os havia encontrado.

Mahatma Gandhi foi um líder servidor, manteve sua humildade e sua prática de meditação diária como fontes de inspiração para ser um bom instrumento de liberação do país. Toda manhã, às 5:30h, dirigia uma meditação coletiva. Invocava a energia divina e sagrada para acompanhá-los durante o dia.

> A liderança servidora começa com o sentimento natural de querer servir, servir primeiro. Logo vem a escolha consciente de aspirar à liderança. Um líder servidor é muito diferente de alguém que é primei-

ro um líder, talvez pela necessidade de satisfazer a tendência a adquirir poder ou posses materiais[33].

Um líder servidor pode atuar não somente no âmbito político, mas também em muitos outros, dentre eles o empresarial. "O lucro como motor do capitalismo não pode sustentar uma empresa por muito tempo. Requer-se uma visão mais ampla, que reconheça a justiça social e um nível de prosperidade geral mais elevado, que beneficie a todos: cada indivíduo e cada negócio. **A liderança servidora não é apenas uma liderança ética. É um motor necessário para o capitalismo sustentável"**[34].

Uma pessoa com espírito servidor deseja contribuir, entregar-se e compartilhar. Todos os caminhos espirituais e religiosos se apoiam sobre dois pilares, que propõem ao caminhante, peregrino, praticante ou discípulo dedicar tempo ao silêncio através da oração, contemplação ou meditação e dedicar tempo ao serviço, a servir os outros. Prestar serviço permite "polir" o ego, engrandecer o coração e ampliar a compreensão do que é amor. Ser prestativo aumenta a capacidade de amar o próximo. Fomenta a generosidade. Assim, crescem a humanidade, humildade e grandeza da pessoa servidora. Não é uma grandeza de ostentação e fama, mas sim da beleza do seu ser, que brilha ao se entregar aos outros. É a grandeza de viver uma vida com sentido.

A atitude de servir abre espaços de conexão com os outros, cria vínculos, comunhão e comunidade. Ao servir, você muda

---

33 GREENLEAF, R.K. *The Servant as a Leader*.

34 AXELROD, A. *Gandhi Ceo*.

A atitude de servir abre espaços de conexão com os outros, cria vínculos, comunhão e comunidade.

uma atitude que é fonte de sofrimento. Deixa de pedir e necessitar e passa a dar e compartilhar. É no ato de dar e se entregar que reside a semente da felicidade. Em momentos de grande tristeza, como um luto, o fato de servir ajuda a sair desse estado e reconquistar a energia da alegria e felicidade.

No lançamento do livro *Criatividade para reinventar sua vida*[35], Javier Melloni disse: "Provavelmente nunca tivemos tanto e, ao mesmo tempo, nunca estivemos tão insatisfeitos. Que sociedade nós construímos para que, tendo tanto, continuemos tão insatisfeitos e, além disso, nossa insatisfação tenha aumentado? É uma pergunta dificílima.

A humanidade tem a ver com a alegria, e a alegria tem a ver com a gratuidade e a gratidão, isto é, com a consciência do 'dom'. Definitivamente, a existência é 'dom'.

E, se transformarmos a vida em uma contínua expectativa, uma contínua demanda, uma contínua luta, nossa agonia cresce incessante e incansavelmente, pois há uma dinâmica no desejo que tem algo de sempre estar insatisfeito".

Criamos um paradigma fundado na necessidade, no ganho e na consciência da escassez. Vivemos pensando em como podemos enriquecer ainda mais, ter mais, alcançar mais e crescer mais. Para mudarmos e adotarmos um paradigma fundado na dedicação, generosidade e abundância, precisamos criar e viver

---

35 Em 26 de maio de 2009, na Fnac de Barcelona foi lançada a versão original do livro: SUBIRANA, M. *Criatividade para reinventar sua vida* – Mudança, intuição e alquimia espiritual.

sendo servidores. Em vez de nos perguntarmos: Como posso me tornar mais rico, mais poderoso e ter mais?, talvez devamos modificar a pergunta assim: De que é que os outros necessitam?

Rabindranath Tagore diz:

> Eu dormia e sonhava que a vida era alegria.
> Acordei e vi que a vida era serviço.
> Servi e vi que o serviço era alegria.

Essa é a minha experiência e vivência. Servindo, sou mais criativa, mais aberta e mais feliz. Entro em contato e me relaciono com muitas pessoas diferentes, cuja presença enriquece minha vida. O ato de servir dá sentido à minha vida. Sem servir, minha vida não é vida.

As perguntas que você pode se colocar para mudar do quero e necessito para o entrego e compartilho é: Como posso ajudar? Que contribuição posso fazer? Que mudança significativa posso trazer? A intenção de servir e contribuir revela e esclarece qual é a necessidade atual e o que você pode fazer. Seu coração se torna mais generoso. Sua mente amplia fronteiras. Sua visão cruza horizontes. Você percebe que, ao servir e contribuir, sua vida adquire um sentido mais pleno.

...ao servir e contribuir, sua vida adquire um sentido mais pleno.

Você verá que, ao se dedicar aos outros, recebe em troca afeto, estima e amor. Isso o preenche com o melhor que a vida pode lhe oferecer. Tudo isso são bênçãos para a alma. Dessa forma, você supera a tristeza, a estagnação, e começa a fluir como um rio que alimenta todos aqueles com quem entra em contato.

A natureza é uma grande mestra, e podemos aprender muito se observarmos como ela funciona. Uma das coisas que podemos ver é que tudo na natureza tem o propósito de servir. A árvore oferece oxigênio, frutos, alimento, sombra e raízes no solo. O Sol oferece luz, calor e vida. A água limpa, transporta e dá origem à vida. As sementes crescem para servir. Só podem servir quando morrem: deixam de ser sementes e viram plantas ou árvores. "Se o grão de trigo não morrer quando cair na terra, fica ele só, mas, se morrer, dá muito fruto" (Jo 12,24).

Pergunte-se qual é a sua vocação, sua missão e seu propósito. Se você olhar para o centro do seu ser, perceberá que ele está ligado ao ato de servir e doar, ser uma ponte que conecta, oferece e serve. É servindo que você experimenta a maior felicidade, pois entra em contato com o seu propósito, que é doar. **Doar é entregar-se, e entregar-se é viver plenamente.**

Doar é entregar-se, e entregar-se é viver plenamente.

Você é criativo quando dá o melhor de si. Torna-se um doador. É generoso, confia em sua abundância interior. Ao oferecer, percebe tudo o que jaz dentro de si. E, a cada passo que dá, sua plenitude se expande.

Você não precisa ter nada para sentir sua abundância. Ao compartilhar, do fundo do peito, desperta os tesouros que ele abriga e, consequentemente, começa a receber em troca tudo aquilo de que necessita.

A criatividade generosa é natural, assim como na árvore e no Sol que nos ilumina e aquece generosamente. Se a árvore adoece, não pode dar frutos. **Nossa doença é o egoísmo, o res-**

sentimento e o ódio. Como diz Louise Hay: "O ressentimento, a crítica e a culpa são os exemplos mais nocivos". Nesses espaços, não há generosidade, plenitude e nem abundância. Você adoece e não pode doar. Quando uma árvore adoece, você não pode comer seus frutos.

Nossa doença é o egoísmo, o ressentimento e o ódio.

Quando se entrega, você compartilha. Não somente doa, pois doar também implica receber e, portanto, compartilhar. Desse modo, você perde uma sensação de carência e se sente completo, passando a compartilhar. Os relacionamentos fluem bem quando cada um se sente completo. Ao se completar, você descobre que é único de forma não egoísta. Em sua individualidade, não se torna narcisista. Mantém um espírito de generosidade. Tem consciência daquilo de que o mundo precisa e do que você pode oferecer.

A presença de um servidor não é uma presença que pretende salvar os outros. Não caia nessa armadilha. Quando isso ocorre, o que na realidade queremos é satisfazer nossas próprias necessidades de ser valorizados e estimados pelos outros.

"Será que você não quer salvar o mundo por causa de seus sentimentos de contribuição e para fazer a diferença que você sabe que isso lhe trará? Em suma, não é verdade que o que você realmente deseja é mudar a forma como você se sente? Tudo isso se reduz ao fato de que você deseja tais coisas ou resultados porque as considera como um meio de obter certas sensações, emoções ou estados que gostaria de alcançar"[36].

---

36 ROBBINS, A. *Desperte seu gigante interior.*

Tomemos cuidado com a nossa vontade de ser “salvadores”. Quando tal atitude se apodera de nós, alimentamos nosso ego ao ajudar os outros, pensando que podemos salvá-los. Criamos uma dependência que às vezes se torna codependência.

Nem Deus pode nos salvar, embora alguns acreditem que isso possa acontecer. Minha experiência é que Deus ajuda você a salvar a si mesmo. Deus lhe diz: eu o ajudarei, lhe darei a experiência do amor divino, conhecimento para compreender e perceber, lhe mostrarei o caminho. Porém, cabe a *você* percorrer o caminho.

No caminho, você pode praticar o silêncio e a meditação. A meditação pode ajudar você a entrar em contato com sua capacidade de servir. Utilizando a metáfora da semente e da árvore, poderíamos dizer que, na meditação, para se transformar, você começa a olhar para dentro, conectando-se à semente que você é: **entra em si** para se purificar e se alimentar. Você provavelmente tem espinhos dentro de si, como a raiva, negatividade, rancor, decepção ou dor. Vá desde o espinho até a semente, onde está todo o seu potencial de amor curativo e liberador.

Você alimenta a semente com bons sentimentos e cresce, entra em contato com uma energia e vibração mais elevada, **vai para cima**. E, como resultado, seu ser floresce. A flor nasce da semente, mas precisa de um estímulo e, uma vez que o recebe, cresce de forma natural. Assim, ao florescer, você transmite sua cor, sua fragrância e compartilha seus frutos. Ou seja, **vai para fora**: serve. Dessa maneira, torna-se uma oferenda para os outros.

Se, por diversos motivos, você não puder servir na prática, isso não o impede de ser um servidor e, portanto, ter uma presença transformadora no mundo. Você pode servir através do pensamento. No livro *Criatividade para reinventar sua vida*, dedico um capítulo ao poder de servir com a mente.

A linguagem do pensamento viaja e chega até os outros. Se a energia do telefone celular chega, através do espaço, até o outro lado do mundo, por acaso o nosso pensamento não tem o poder de chegar até as outras pessoas? Elas podem receber e absorver essa energia e vibração.

Quando o pensamento viaja unido ao poder de sentimentos puros, não negativos, os mesmos fazem com que os outros se sintam mais leves. Eles os ajudam a se aliviar de fardos.

Se o que você enviar através do seu radar forem maus sentimentos e pensamentos negativos, os mesmos funcionam como a força da gravidade: puxam os outros para baixo; provocam-lhes dores de cabeça; eles sentem angústia e se fecham em si mesmos para se defenderem da energia que os afeta.

Em nossa época, quando vemos a situação do mundo, muitos de nós querem se pôr a seu serviço. Porém, quando nossas mentes se impregnam dessa situação, impedem-nos de servir. Uma mente cheia de raiva ou tristeza é incapaz de servir.

Uma mente cheia de raiva ou tristeza é incapaz de servir.

Não conseguimos nos dedicar aos outros quando nos sentimos enfraquecidos pelo peso do mundo e pela atmosfera de um universo cansado. Só conseguimos nos entregar aos outros quando já restabelecemos nosso poder espiritual.

Para que um barco chegue ao seu destino, a água deve permanecer fora dele. **Para que nossas mentes possam servir, a**

atmosfera do mundo deve permanecer fora delas. A atmosfera exterior não deve penetrar no barco de nossa mente, mas, muito pelo contrário, as vibrações de uma mente poderosa e limpa devem influenciar a atmosfera exterior, fortalecendo os que vivem no mundo.

Para ter uma mente capaz de curar o mundo, primeiro temos de curar a nós mesmos, cultivando valores que ajam como poderes curativos, tais como esperança, harmonia, compaixão, compromisso, perdão, tolerância e respeito.

Quando nos preenchemos com o poder da espiritualidade, nós o emanamos continuamente. Concebemos cada pensamento e cada sentimento com uma intenção benéfica e prestativa. Quando o mundo tiver pessoas suficientes com uma mente dessa qualidade, então virá o novo mundo, a idade de ouro, trazendo paz e luz para todos.

A presença de um servidor é transformadora quando a pessoa compartilha com intenções bondosas e transmite sentimentos de sinceridade, compaixão e amor. Quando é firme e corajosa. Quando não cede a ilusões oferecidas pelos prazeres e diversões supérfluas. Quando está ligada à fonte do amor e à sabedoria. Quando transcende as limitações humanas e permanece conectada com o intangível. Quando mantém o mundo presente em sua visão. Quando seu coração se alimenta de compaixão, silêncio e bondade.

Para ser servidor

- Esteja disposto a colaborar e ajudar.
- Dedique algumas horas por semana a tarefas ou trabalhos de colaboração enquanto voluntário; você verá a enorme satisfação que isso lhe proporcionará.
- Entretenha conversas com pessoas que colaborem voluntariamente para alguma causa e pergunte-lhes sobre suas experiências e conquistas. Isso o incitará a tentar.
- Sirva e não peça para ser servido. Isso não significa se fechar e não aceitar ajuda. Acolher de braços abertos a colaboração em sua vida faz com que você se abra para criar laços de amizade duradouros.
- Em tudo o que fizer, tenha a intenção de contribuir e compartilhar.
- Pergunte-se: Como posso ajudar nessa situação?
- Lembre-se de que uma mente cheia de raiva ou tristeza é incapaz de servir. Portanto, busque métodos para canalizar a raiva e transformar a tristeza. No livro *Cúmplices*, eu exponho tais métodos.
- Pratique a meditação. Meditar ajuda você a entrar em si, a fim de se conectar com sua capacidade de servir. Isso lhe dará forças para se entregar e servir.

Inspirar

Uma presença inspiradora é luminosa. Desperta em você um poder que o leva até aquilo que o inspira. Assim, você segue em frente. Contagia-se com a expectativa e se entusiasma. Pega impulso sem se pressionar nem se obrigar a avançar.

Precisamos de líderes que inspirem com sua confiança, visão e integridade. Que vivam o que pregam. Que acreditem em ideais incentivadores e mobilizadores. Como diz Federico Mayor: "Só os utópicos transformam o mundo. Os realistas não o transformam, deixam-no igual ou pior". A palavra utopia deriva de duas palavras gregas: uma significa "bom lugar", e a outra, "o não lugar" ou "lugar nenhum". A utopia é um ideal totalmente imaginário, um bom lugar que não existe em lugar nenhum.

Gandhi inspirou milhares de pessoas a lutarem por um ideal que parecia inalcançável e utópico. Em 1946, escreveu: "Devemos ter uma imagem certa do que queremos antes de agir para nos aproximarmos dela. Ninguém deve zombar do pensamento utópico pelo simples fato de ele ser inalcançável. O que alguém consegue realizar do ideal, embora nunca o alcance, já é de grande valor em si. Nunca hesite em colocar o nível tão alto que seja impossível atingi-lo. Quando seus sonhos são ambiciosos o bastante, o fato de se aproximar deles – e não conquistá-los – é o que define o êxito"[37].

Você pode ser um líder inspirador. Pode começar inspirando-se. Só quem está inspirado pode inspirar os outros. Ins-

---

37 GANDHI. "Independence". *Harijan*, 28 de julho de 1946.

pirar é mostrar uma visão que atraia e desacorrente as forças interiores de cada um, para que as pessoas se mobilizem em busca de algo que ultrapasse as fronteiras individuais delas.

Inspirar é mostrar uma visão que atraia e desacorrente as forças interiores de cada um

Para inspirar os outros, você deve confiar em si mesmo, de modo a irradiar uma luz estável. Não permita que seus próprios pensamentos ou hesitações o façam duvidar de sua capacidade de transmitir luz. Com autoconfiança, você ousa ser criativo e reagir com agilidade face a situações, pessoas e acontecimentos.

Quando tem confiança, você fica aberto ao diálogo, à conservação do relacionamento e ao apoio e aprendizagem mútuos, tomando iniciativas criativas. Você vira uma fonte de inspiração que, com sua presença, permite que outros se liberem e sejam criativos. Gera espaços de inspiração nos quais se cria algo novo.

Inspire

- Aspire a um ideal elevado. Mantenha o nível alto e acredite em utopias. As utopias movem montanhas.
- Confie em si mesmo.
- Ouse ser criativo.
- Inscreva-se em iniciativas criativas.
- Esteja aberto ao diálogo, que lhe permite enxergar algo além de si mesmo e de suas convicções. Ao experimentar a alteridade, você deixa de viver sozinho em

função de si mesmo e entra em contato com o que o inspira, para transmiti-lo a outros.

• Quando os outros o inspiram, é sinal de que você também inspira. Quando ninguém o inspira, é sinal de que você se fechou no tédio ou em reclamações e deixou de apreciar. Para ser inspirado e inspirar, cultive sua sensibilidade, que lhe permite valorizar o invisível, o sutil e o que realmente vale a pena.

• Entre em contato com o que o inspira e viva-o com mais frequência.

• Toda manhã, lembre-se da imagem daquilo que o inspira e carregue-a consigo em sua mente e seu coração, para que ela o acompanhe ao longo do dia.

• Lembre-se de momentos na sua vida em que você esteve muito inspirado. Como se sentia? Como estava? Reviva tais momentos. Observe os fatores que o levaram a tal experiência. Recrie fatores semelhantes no presente para potencializar sua inspiração.

Alimentar e sustentar

Essa presença alimenta sua alma fortalecendo suas asas e dando-lhe espaço para voar; alimenta sua mente oferecendo-lhe conteúdos positivos para reflexão; alimenta seu coração com bons sentimentos. Ela é relaxante – diante dela, seu corpo alivia tensões, e sua alma se recupera e se sente acariciada.

Face a uma presença que alimenta plenamente, seu ser se preenche. É como uma vibração que vai tocando seu ser e seu corpo. Enquanto se preenche, você se purifica de outras energias pesadas. Renova-se. Cuida de si. É uma presença que não impõe nada, não o obriga nem o coíbe a nada.

Face a uma presença que alimenta plenamente, seu ser se preenche.

Essa presença abre espaço para um desenvolvimento orgânico dos outros. Ela cria um espaço que se parece com o útero: um lugar seguro, um lugar protegido, um lugar em que o feto se sente nutrido e a salvo. Nesse espaço, o novo ser cresce e se desenvolve até estar pronto para nascer com todos os seus recursos preparados para viver e enfrentar os desafios da vida.

Uma pessoa com uma presença que alimenta e sustenta está conectada com seus recursos internos e com os recursos que o Universo coloca à nossa disposição. Sente que eles estão ao seu alcance. Também está aberta à Presença Divina. Ao canalizar todos esses recursos, leva as pessoas a um nível mais elevado. Com sua presença, injeta energia e eleva a vibração pessoal, alçando-a e aproximando-a do potencial que dorme em cada um.

Um exemplo de pessoa cuja presença alimentou e sustentou muitos outros foi Santa Teresa de Ávila. Ela trabalhou com a Presença Divina. Abriu espaço para que a Presença agisse nela. Sua vida e suas palavras falam e inspiram pessoas de diferentes nacionalidades, religiões e culturas. Sua presença perdura ao longo dos séculos e ultrapassa os limites de um credo específico. Ela alimentou muitos peregrinos pelo caminho e aqueles que buscavam a verdade e a essência divina.

Para alimentar e sustentar, você deve abraçar e acolher.

Para alimentar e sustentar, você deve abraçar e acolher. Sua presença acalma as mentes agitadas e "remenda" os corações partidos. Você consegue fazer isso compartilhando pensamentos elevados para relaxar a mente e sentimentos puros para curar e reunir os pedaços do coração.

Alimente

- Alimente sua mente com pensamentos positivos. Alimente seu coração com bons sentimentos. Alimente-se com a sabedoria milenar: leia bons livros, tenha conversas enriquecedoras, participe de ateliês que o conectem com o que dá sentido à sua vida e o ajudem a se conhecer melhor.
- Entre em contato com seus recursos internos, ou seja, com sua amabilidade e capacidade de amar, dialogar e se conectar com os outros.
- Abrace a si mesmo para abraçar. Ame a si mesmo para amar.
- Reflita: Como seria a mãe do mundo? Se, durante alguns instantes, você sair do planeta e observá-lo do espaço com a consciência de que você é uma grande mãe, que sentimentos o invadem? O que você sente, o que o inspira a compartilhar?
- Esteja aberto ao amor mais puro, ao amor de Deus, e deixe-o fluir em você como uma torrente. Uma vez que seu ser estiver repleto da divindade, você alimentará com o olhar, a vibração e, a cada passo, com sua presença.

Curar

A presença de certas pessoas na sua vida pode fazê-lo esquecer a dor. Quando um bom amigo ou uma boa amiga olha no fundo dos seus olhos e o transporta para um espaço de ternura e aceitação, em um instante seus temores desaparecem. Em tais momentos, você deixa de se culpar e buscar culpados. É porque a energia metafísica da consciência amorosa agiu através do olhar.

Uma presença curativa se dá, por exemplo, quando um médico ou uma pessoa que saiba tratar pega a sua mão e lhe transmite uma energia curativa que alimenta a sua esperança. Diz-lhe algumas palavras que são como um bálsamo para o seu coração. Através desse contato, ocorre uma alquimia, e sua dor parece sumir.

Cristo era capaz de curar. Sua presença curou muitas pessoas. Conseguiu fazer desaparecer a dor dessas últimas. Sua presença continua viva e curando. A presença curativa de Cristo é sentida com o poder da fé. A fé tem efeitos curativos. A fé nos conecta com a transcendência, e na transcendência nossa química parece se modificar. Deixamos de sentir dor e experimentamos amor e prazer divino. Já foi comprovado que pessoas com fé sobrevivem e superam melhor situações traumáticas, doenças e operações. Não se trata de fé às cegas, mas sim de uma fé baseada na experiência de Deus, que, por si só, já é curativa.

Com a consciência da alma, que se alcança com a prática da meditação e a atenção ativa na prática, sua dor física vai diminuindo. Você se separa da dor. Tem consciência de que você não é a dor e não se identifica com ela.

Hansa é professora de meditação e médica do exército dos Estados Unidos. Ela dividiu comigo a experiência de sua operação dos dentes do siso. Foi operada sem anestesia e não sentiu dor. Como tem consciência dos efeitos nocivos da anestesia, decidiu entrar na sala de cirurgia sem ser anestesiada. A operação correu bem, e suas bochechas não incharam como quando se opera com anestesia. Pouco tempo depois da operação, já podia comer e falar normalmente.

Com a consciência da alma, você controla os impulsos cerebrais e corporais. Domina todo o seu ser: corporal, emocional, mental e espiritual. Assim, distingue claramente a dor física e o sofrimento emocional ou mental. Para que sua presença seja curativa, você deve ser um emissor de vibrações sadias, vibrações que acalmem. Muitas pessoas vivem em contínuo sofrimento. O mundo necessita de presenças consoladoras que ofereçam amparo e aliviem o sofrimento de corações partidos, mentes descontroladas, vidas sem sentido e espíritos sem rumo.

Para que sua presença seja curativa, você deve ser um emissor de vibrações sadias, vibrações que acalmem.

Sua presença curativa

Para aliviar o sofrimento de alguém, tenha um coração generoso. Não é necessário dar conselhos. Sua presença de cumplicidade já é uma ajuda. Com sua presença, você emite vibrações de calma e amor. Pode praticá-la mesmo que não esteja junto com a pessoa que está sofrendo. Suas vibrações viajam através do espaço e chegam até ela. Tenha confiança. Não sofra porque a pessoa está sofrendo. Um coração que esteja sofrendo dificilmente cura outro coração que esteja sofrendo.

Para apaziguar a dor corporal, eu sugiro uma visualização. Quando você conseguir fazer com que sua presença seja curativa para si mesmo, poderá confiar em sua capacidade de ter uma presença curativa para os outros.

Com a visualização, você pode superar a dor. Com aceitação, com atitude positiva e com prática, pode instaurar um estado em que o mal-estar causado pela doença não tenha influência sobre você. Além disso, com essa prática, você facilita o processo de cura.

Agora, se puder, bote para tocar uma música suave e coloque o corpo na posição mais confortável possível, de preferência sentado, senão recostado (Procure não adormecer!).

Para começar, vou observar minha respiração, tranquilizá-la e relaxar. Agora, vou me concentrar na mente, para me liberar de todo pensamento negativo, tais como: "Por que isso está acontecendo comigo?", "Será que eu conseguirei me curar?", "Como poderei continuar vivendo?". Esse tipo de pensamentos me enfraquece e me dá a sensação de que a doença piorou.

Será que é a dor que se agarra a mim ou sou eu que me agarro à dor? Vou observar como me agarro a essa dor. Vou largá-la gradualmente. Vou visualizar uma energia relaxante percorrendo todo o meu ser. Uma luz de cor ouro avermelhada está me envolvendo. Ela é pacífica, protetora e relaxa minha mente. É amorosa e divina.

Nesse espaço, vou observar o corpo e a dor que eu abandonei e deixar a luz vermelho-dourada penetrar e se instaurar na parte do corpo alterada, dando-lhe calor. Seus raios vão penetrar, atravessando os músculos e tecidos e indo até os ossos, penetrando na mais ínfima célula, como se estivessem perseguindo cada impureza, dissolvendo e eliminando a doença por inteiro. É uma luz suave, que sossega e acaricia. Ela vai permanecer um tempo até essa parte do corpo relaxar e se renovar.

Nesse estado, eu descobri que os outros pensamentos desapareceram e que eu alcancei um estado de quietude. As dores e o mal-estar se acalmaram. No silêncio, eu recuperei calma e energia.

5
Outras presenças

Presença nociva

Há pessoas cuja presença provoca atitudes defensivas, conflitos e confusão. Elas geram espaços doentios nos quais tudo parece ir de mal a pior. Irradiam negatividade, agressividade e desagrado. Parece que tudo as incomoda. Reclamam, recriminam, culpam, e tudo lhes parece ruim. Têm maus sentimentos, e a mente delas é uma fábrica de maquinações complicadas e enroladas.

São pessoas repletas de raiva que, com sua presença, suscitam atitudes defensivas nos outros. Provocam desencontros e mais raiva. A comunicação delas é emocional e nasce de impulsos descontrolados.

Julgam constantemente. Não escutam. Ao lado delas, as pessoas não se sentem à vontade. Criam espaços de desconforto, nos quais as pessoas se sentem julgadas.

São presenças vazias, pois vivem de fingimentos e mentiras.

Tais presenças fazem aflorar medos que bloqueiam o fluxo de energia. A comunicação parece difícil nos ambientes que elas instauram.

Preste atenção para que sua presença no mundo não se contamine com essas atitudes. Cuidado com a raiva e o ódio. Não busque culpados pelo fogo que arde no seu peito. O ódio afeta sua saúde, rouba a sua paz interior, seca o seu amor e felicidade. Tire um momento para refletir sobre a última vez em que você odiou alguém. Você não vê que não é ninguém mais do que você mesmo que cria a sua ira? Embora "pareça" que os atos de outra pessoa sejam responsáveis pelo seu estado emocional, a verdade é que o ódio sai de você.

Não busque culpados pelo fogo que arde no seu peito.

Cada resposta sua pode ser uma escolha consciente, mas você se esquece disso quando o ódio surge dentro de si de forma natural. Na realidade, você se permite agir assim recorrendo ao piloto automático, no qual seus hábitos subconscientes, baseados em suas crenças e percepção limitada, formam seus pensamentos e ações mais ou menos conscientes. Tal reação é sinal de preguiça mental e emocional: sua inteligência está "dormindo", e, nesse estado, é impossível pensar com clareza e tomar decisões certas.

Uma presença é nociva quando:

- Permanece na defensiva.
- Está descontente com relação aos outros.
- É agressiva. Sente raiva. Fica aborrecida.
- Irrita-se com tudo.

- Tem maus sentimentos.
- Deixa a mente fabricar maquinações enroladas.
- Pensa mal dos outros.
- Julga constantemente.
- Busca culpados.
- Mantém-se ociosa.
- Conta mentiras.
- Dedica-se a fingimentos e fica presa à imagem que quer criar.

Para que a presença nociva dos outros não tenha influência sobre você:

- Entenda que o ódio não é sadio.
- Aceite que você é o responsável pela sua própria raiva.
- Permaneça sendo observador (releia a seção sobre o observador, veja p. 126).
- Disponha-se a observar, questionar e mudar as crenças e percepções nas quais você se baseia e que causam a sua dor emocional.
- Você não pode mudar os outros.
- Perdoe.
- Você pode escolher e melhorar suas respostas.
- Afirme-se em seu poder espiritual interior. Para consegui-lo, dirija sua atenção para dentro de si, desapegue-se de seus pensamentos, sentimentos, hábitos e lembranças. Você não é o que você pensa.
- Medite.

Praticando isso, você será capaz de perdoar e, finalmente, liberar-se para seguir em frente com a sua vida, sem carregar mais a dor que o prende ao passado e o impede de aproveitar o presente. Essa é a base para restabelecer o poder do seu coração e sua capacidade de escutar, compreender e amar. Com esse poder, você será capaz de ficar face a uma presença nociva sem se contaminar. Muito pelo contrário, com sua compaixão, você poderá acompanhá-la até um espaço de luz.

Para consegui-lo, dirija sua atenção para dentro de si, desapegue-se de seus pensamentos, sentimentos, hábitos e lembranças. Isso lhe permitirá ir ao âmago da sua consciência. Assim, reencontrará seu estado natural de paz. Entrará em contato com seu coração espiritual intacto, capaz de abraçar sem rancor e amar sem expectativas.

6
Como uma pessoa com presença transformadora vivencia suas conquistas e sua criatividade?

Conquista pessoal genuína

A virtude sempre atrai respeito, mas, quando um homem virtuoso se vangloria dela, sua virtude deixa de ter sentido no mundo.

Gandhi[38]

Atualmente, vemos muitos professores e conferencistas dando aulas, ateliês e conferências sem terem interiorizado os ensinamentos que transmitem. Ensinam ideias e teorias boas, com frequência copiadas de outros e não interiorizadas por eles. Aprendem e repetem certas fórmulas. Ao fazerem isso, não entram em sintonia com o auditório. Não adaptam "suas fórmulas" às diferentes necessidades de quem está à sua fren-

38 GANDHI. "Removal of Untouchability". *History of the Satyagraha Ashram*, 11 de julho de 1932.

te. Quando isso ocorre, o que o professor faz é instruir, em vez de compartilhar uma experiência de conquista pessoal genuína e autêntica.

Quando alguém quer demonstrar que sua ideia é ótima, passa a dar explicações e justificativas, sem entrar em sintonia com o outro. Perde-se ao tentar demonstrar o que pensa que sabe.

Instruções e ensinamentos não nos transformam se não tocam nossa experiência ou nossa alma. Para isso, quem ensina deve ter uma presença que sustente, alimente e nutra, revelando aos outros um horizonte mais amplo. Com sua presença, expande o olhar dos outros para que eles percebam o que há além dos limites que os mantêm onde estão.

Instruções e ensinamentos não nos transformam se não tocam nossa experiência ou nossa alma.

Um bom professor apresenta mais perguntas do que soluções. É aconselhável não dar respostas a perguntas que não nos tenham sido colocadas. Primeiro é melhor aguçar a curiosidade apresentando perguntas inovadoras. Quando temos muitas respostas, tendemos a cair na armadilha de oferecê-las com boas intenções. Porém, as respostas não atingem nem transformam se o ouvinte não tiver se colocado antes a pergunta ou não tiver tal preocupação. A resposta passa voando acima de sua cabeça como um prato lançado no ar. Ele não se sente afetado, não a interioriza e, consequentemente, não a aplicará em sua vida.

Quando você aprende com uma situação ou quando uma pessoa lhe fornece respostas a perguntas que você já havia formulado, seu primeiro impulso é compartilhá-las. Recomendo cautela na hora de compartilhar esses aprendizados. Minha experiência diz que é melhor apresentar e compartilhar as perguntas e questões que me levaram ao aprendizado, criando assim um terreno propício para semear as possíveis respostas. Compartilhar o que, para você, foram respostas com pessoas que não estejam receptivas é contraprodutivo.

> Aprenda a fazer perguntas e não esperar respostas.
> Ao se concentrar demais nas respostas, você as perde.
> Perguntas pertinentes são como vassouras
> que varrem a mente e criam um espaço limpo.
> A mente precisa de espaços vazios.
> As respostas entram nesses espaços.
> Você começa então a buscar o essencial[39].

Quando alguém se apoia em suas conquistas, só consegue ter uma presença transformadora se der espaço para que o outro seja o que ele pode ser. Não lhe impõe suas conquistas, mas sim o inspira a alcançar as suas próprias. Sua presença também é transformadora quando ajuda cada um a descobrir suas próprias fórmulas para crescer e se desenvolver.

Um professor atinge resultados transformadores quando não fica preso ao seu próprio talento e carisma. Uma armadilha tentadora! Quando seus talentos destacam você acima dos outros, sua capacidade comunicativa é boa, e você tem carisma. Cuidado! Você pode facilmente parar por aí e deixar de avançar. Nesse estado, sua presença causa impacto, mas não necessariamente transforma. As pessoas o admiram e aplaudem. Parece atraente poder gerar uma dependência dos outros com relação a você. Isso o faz sentir que "é alguém". Porém, quanto daquilo

---

39 STRANO, A. *Los cuatro movimientos*.

que você compartilhou impregnou a alma do ouvinte? Quanto foi significativo e transformador? Até que ponto você lhe deu ferramentas para que ele possa percorrer seu próprio caminho sem medo? Você o ajudou a construir sua própria presença?

Uma presença que alimenta é diferente de uma presença com carisma. O carisma vem do talento e das habilidades da pessoa. Ambos impressionam, mas não necessariamente alimentam. Eles podem até provocar ciúme e inveja.

Para que sua presença leve os outros em consideração e, mais do que impressionar, inspire e alimente, é preciso que você procure se desapegar de seus talentos e seu carisma. É bom e necessário cultivar seus talentos, mas, a partir do momento em que você se apega a eles e os sente como “seus”, você impõe uma distância com relação aos outros. Parece que você é “superior”. Os outros admirarão o seu talento, mas você não lhes terá mostrado o caminho para que eles o desenvolvam em si mesmos e não enxerguem você como superior. Ao se compararem com você, eles se sentirão inferiores.

Um mestre com presença alimenta e compartilha suas conquistas de forma sincera e humilde.

Um mestre com presença alimenta e compartilha suas conquistas de forma sincera e humilde. Faz com que os outros o sintam próximo e disponível. Diante de uma pessoa assim, você sente que *você também* é capaz. Em tempos como esses, em que muitos se sentem indefesos face ao sistema, é necessário cultivar o “Você é capaz”. Fomentar a autonomia das pessoas, tornando-as conscientes do valor e da originalidade delas, para que não sucumbam ao se sentirem indefesas ou inferiores e nem caiam na indiferença.

Uma pessoa com tal presença dispõe de uma criatividade que traz novidade e faz a diferença. É preciso usar o talento como um meio – o importante é não se perder nele, não considerá-lo como um fim em si mesmo.

A mensagem e o mensageiro são o essencial. Aprofundemos esse aspecto. Vejamos qual é a intenção subjacente ao talento. Sejamos claros e não nos percamos embelezando a imagem para parecermos algo que não somos. Refinemos nossos talentos e habilidades. Façamos isso da melhor forma que pudermos. Porém, não nos desconectemos da essência. Quem consegue fazer isso se torna um mestre cuja presença ajuda os outros a entrarem em contato com a própria essência deles.

Sua atitude face às suas conquistas

- Olhe além do seu próprio umbigo e amplie o olhar dos outros, para que os mesmos percebam o horizonte que existe além dos limites que os mantêm onde estão. Para consegui-lo, você deve ultrapassar seus limites. Coloque a si mesmo perguntas provocadoras que o tirem das suas zonas de conforto.
- Apresente mais perguntas do que soluções.
- Não dê respostas a perguntas que não lhe tenham sido feitas.
- Não permita que seu talento o aprisione. Seja um instrumento.
- Não seja pretensioso. Cultive a humildade.

Presença criativa

Precisamos de presenças criativas que nos ajudem a virar as coisas do avesso, para vivê-las com visão e atitude positiva, valorizando o que está dando certo e demonstrando gratidão. Criatividade para apreciar em vez de reclamar. Criatividade para transcender em vez de afundar em areias movediças.

Sinto-me tentada a reproduzir aqui alguns trechos do meu livro *Criatividade para reinventar sua vida*, o qual eu dediquei inteiramente a esse tema, porque agora mais do que nunca precisamos de criatividade para quebrar a rotina e os velhos esquemas. Devemos acordar e aplicar uma criatividade que nos ajude a deixar para trás atitudes estressantes, desunião e desvinculação com nossa essência; que nos una e nos leve a encontrar os laços necessários para nos ajudar, enquanto seres humanos, a criar uma realidade melhor para todos.

Estou me referindo a uma criatividade para sair da rotina que mata a alma, como um lento veneno. Na rotina, você perde a animação. Aquilo que antes o fascinava vira rotineiro, e você se sente preso em sua própria realidade. A rotina o puxa para baixo, e, quando você pensa em realizar uma mudança, logo em seguida desiste, pois a rotina dos hábitos adquiridos consome a sua energia.

Precisamos de um impulso criativo para superar o medo e alçar voo.

Estou me referindo a uma criatividade que o empurre para frente, tirando-o das zonas nas quais você está confortavelmente instalado e do conformismo. Com ela, você ultrapassa limites e supera crenças negativas e limitadoras. A desgraça reside, de acordo com os *Upanishads*, no medo de perder as limitações. Precisamos de um impulso criativo para superar o medo e alçar voo.

Trata-se de uma criatividade para recriar e reinventar o ser. Como nasce o novo eu? Do nada? Vejamos o exemplo da árvore: as folhas velhas caem e dão lugar para que nasçam as novas. Toda vez que nascem, as tenras folhas são algo novo, embora passem pelo mesmo processo: morrer e nascer. Toda vez, as que nascem são novas. No entanto, não se criam do nada. A partir do velho, nasce o novo.

Trata-se de uma criatividade oriunda da curiosidade, observação e descoberta. Você aprende a se inspirar e valoriza a beleza.

Para se conectar com essa força criativa inata, você deve lançar raízes dentro de si. Dessa forma, consegue reconhecer a grandeza e divindade de si mesmo e dos outros.

Precisamos estimular o intelecto para compreender. Normalmente, buscamos estímulos externos para sair da rotina, mas a única coisa que fazemos é nos distrair e continuar dormindo. Para estimular o intelecto de modo que ele compreenda, é imprescindível orientar o olhar para dentro: ver o interior de si mesmo. Esse estímulo não o leva ao barulho e movimento, mas o conecta com os impulsos internos do seu ser.

Quando entra em si e vê, você compreende que seu caminho na vida está marcado por uma série de acontecimentos. Dentre eles, há episódios concretos de relacionamentos, trabalhos, nascimentos, mortes, mudanças de direção, novos interesses, êxitos, fracassos, doenças, acidentes, sucessos, aberturas e encerramentos. Os acontecimentos traumáticos também fazem parte do seu caminho. Se ampliar suficientemente o contexto, você verá como esses acontecimentos são coerentes entre si e qual é o sentido global deles, aumentando a sua consciência do seu caminho nesta vida.

A partir dessa compreensão, nasce em você uma criatividade que lhe permite usar o seu poder de interpretar suas experiências da forma que considerar mais favorável ou menos limitante. Temos o poder de modificar nossas crenças e, assim, modificar nossa forma de enxergar a vida. O resultado pode ser uma nova vida e novas condições físicas. A consequência indireta desse processo, como diz Eric Rolf, é a saúde mental e física.

Por isso, uma presença criativa é curativa. Permite comunicar-se criativamente, de modo a não cair em rotinas tediosas e monótonas. É uma criatividade que quebra limites: põe fim a situações asfixiantes e bloqueadas e destrói o teto de vidro que nos impede de pular mais alto.

A presença criativa se comunica em uma atitude de compartilhar criativamente, apoiada em uma posição de conquista pessoal genuína. Ou seja, com plenitude própria, é possível compartilhar sem necessidade de instruir nem impor.

Com a mente calma e o coração sereno, você saberá captar e entender os sinais que as situações lhe enviam e captar também os sinais temporais, do momento que você estiver vivendo. Além disso, você será capaz de compreender as pessoas, já que observará, escutará e sentirá todas as linguagens através das quais elas se comunicam: olhar, gestos, postura, vibração, intenção, sentimento e palavras.

Dessa maneira, sua comunicação melhorará. O que com frequência acontece é que corremos tanto que, quando nos falamos, é de forma rotineira, sem o menor interesse. Não somos comunicadores criativos.

Para evitar uma comunicação rotineira, convém regressar ao básico, que é viver no presente. Quando você está diante de alguém, mas com a mente no passado ou no futuro, no que você tem de fazer dali a pouco ou no que ocorreu antes, você então não está presente, e a comunicação com a pessoa é péssima, você não escuta nem fala com o poder da presença. Perde a oportunidade de um encontro ótimo, que vira um encontro comum, ordinário, sem nada novo ou especial.

Podemos utilizar a criatividade para instaurar uma comunicação diferente. Vamos ao essencial. Comuniquemo-nos gerando experiências, dizendo palavras transformadoras, que curem, elevem e conectem os corações.

O diálogo pode nos levar à transformação.

O diálogo pode nos levar à transformação. Com o poder das palavras, uma intenção clara e o propósito de melhorar, tenhamos conversas geradoras de mudanças positivas. Suscitemos conversas que nunca tivemos antes. **Podemos criar o mundo que queremos.**

Podemos criar o mundo que queremos.

Para ter uma presença criativa

- Construa sua autoestima adotando o hábito de ser corajoso e ouse ser. Ouse confiar, aceitar a sua própria liberdade e a alheia, estar aberto às ideias dos outros, ser criativo, errar e aprender: isso é a base de uma vida plena e bem-vivida.
- Lance raízes dentro de si.
- Use o seu poder de interpretar suas experiências da forma que considerar mais favorável ou menos limitante. Interprete a realidade de forma aberta, sem julgamentos que o fechem ou provoquem mal-estar.
- Lembre-se de que você tem o poder de modificar suas crenças e, assim, modificar sua forma de enxergar a vida.
- Medite. Com a mente calma e o coração sereno, você saberá captar e entender os sinais que as situações lhe enviam e captar também os sinais temporais, do momento que você estiver vivendo.
- Comunique-se gerando experiências. Encontre palavras transformadoras, que curem, elevem e conectem os corações.
- Suscite conversas que você nunca teve antes.
- Faça perguntas provocadoras de mudanças, para que os outros ultrapassem seus limites e quebrem o teto de vidro que os impede de pular mais alto.

Parte III

Sua presença

7
Sua presença

Ninguém pode lhe dar o poder da sua presença. Você não pode comprá-la nem adquiri-la em nenhum seminário ou curso. *Você* deve ser o criador da sua própria presença. Os sinais indicadores de que você está completamente presente são o entusiasmo, o compromisso e quando o seu nível de envolvimento é alto. Você não se distrai e nem se engana. Fica concentrado; faz o que pretende fazer. Não se deixa levar pelas ilusões de falsas paisagens atraentes que poderiam capturá-lo.

Algo que pode nos ajudar a cultivar nossa presença é pensar em nossa ausência. Assim como nos lembra Francesc Torralba em seu livro *El sentido de la vida*, pensar na morte nos oferece a chance de redesenhar nosso projeto vital. **Meditar sobre nossa ausência é uma oportunidade de valorizar mais nossa presença.**

Meditar sobre nossa ausência é uma oportunidade de valorizar mais nossa presença.

Se estiver muito centrado em si mesmo ou, como se diz vulgarmente, olhando para o próprio umbigo, você precisará de elogios, aceitação e aplausos dos outros. Se não os obtiver, você se sentirá abatido, rejeitado e ausente. Sua presença não pode depender de aplausos exteriores.

Você existe e, pelo mero fato de existir, tem uma presença neste mundo. A questão é que, para fortalecê-la, você deve acreditar em si. Tem de se conectar com o que você quer trazer ao mundo. Em vez de ficar perdido em meio aos desejos que você tem do mundo (quero isso e desejo aquilo), reflita sobre o que é que o mundo lhe pede para fazer, qual é a vocação que você sente, que passos você pode dar para que sua presença mude e melhore o mundo.

Quando já não estiver mais aqui, você terá sido alguém que deixou o mundo diferente de como o encontrou ou que o deixou igual? Terá consumido irresponsavelmente, contribuído para o desequilíbrio global, investido em bancos que apoiam a fabricação de armas e outros negócios não éticos, deixando o mundo pior de como o encontrou ao nascer? Terá decepcionado e partido corações ou terá sido um instrumento que consolou corações e ofereceu esperança, tendo mantido relacionamentos harmoniosos?

Tenhamos um coração do qual emane amor curativo, amor que recomponha corações partidos, que os "conserte". Não sejamos como aquelas pessoas que, com suas palavras e atitudes, partem seus corações e os dos outros. Tenhamos um coração de luz, e não de pedra. A luz não pode ser cortada por uma faca e nem riscada por uma pedra. Ela é livre. A presença de uma pessoa com um coração assim é consoladora.

Cultive a serenidade. Tenha pensamentos pacíficos e observe com desapego. Com serenidade interior, sua presença infunde serenidade nos outros e os ajuda. Esse é um gesto de amor.

Para que sua presença seja transformadora, você deve abrir passagem à Presença de Deus em si e através de si. A partir do momento em que o seu ego morre, o seu eu limitado desaparece, dando lugar ao poder de Deus, da energia do Amor, em si. Para ter presença no mundo, você deve primeiro estar presente no Ser.

Para que sua presença seja transformadora, você deve abrir passagem à Presença de Deus em si e através de si.

Presença no ser

Presente em si

Estar presente em si é estar no centro do seu ser e viver ali.

Parece que muitos saíram de seus corações e se mudaram para a mente. Ao tornar a mente nossa residência, permanecemos ocupados enchendo-a de preocupações, ansiedade, frustrações, aborrecimentos e uma infinidade de pensamentos que nos agitam e nos fazem reagir. Assim, vamos enterrando nosso verdadeiro coração, o coração da alma.

Os pensamentos se tornam uma névoa que nos impede de ver e sentir com clareza. À medida que se fortalecem esses hábitos de pensamento acelerado, mente ocupada e reativa, nosso coração se esvazia e fica faminto pelo ar fresco do amor.

Já outros saíram de seus corações para irem morar não na mente, mas sim em seu intelecto: precisam entender tudo, analisar, questionar, justificar, raciocinar, conceitualizar, ver e tocar. No fim das contas, o coração deles deixa de sentir, ficando oculto sob tanta análise e raciocínio. Para tais pessoas, é difícil ultrapassar a conceitualização e a linguagem verbal para entrar no reino do silêncio, para além de conceitos e crenças.

Um terceiro grupo de pessoas não reside na mente e nem no intelecto, mas sim nos hábitos. Reagem de forma automática, sem pensar nem raciocinar. Os hábitos mandam na vida delas. O passado é tão determinante que elas vivem as situações e relacionamentos de acordo com os hábitos que foram adquirindo. Estão acorrentadas na prisão do passado. O coração delas deixa de sentir prazer, já que vivem o presente em função do passado. A história pessoal delas tem um peso tão considerável que o coração deixa de viver o presente, sente-se aflito e faminto pelo oxigênio do amor.

Residir no coração do ser e viver a vida nesse espaço central é viver desperto e consciente da realidade de que não somos nossos pensamentos, nossas crenças, nossos raciocínios e nem nossos hábitos. Nosso ser consciente é energia metafísica e espiritual. Essa energia move e anima a energia física do corpo e os sentidos. Nesse espaço central, o coração do ser, controlamos a mente, o intelecto e nossos hábitos.

Se não estiver presente em si mesmo, nesse espaço central, você não terá poder de presença firme. Ou seja, sua presença não causará impacto e nem será transformadora.

Se tomar consciência de si mesmo e de sua responsabilidade, não a considerando como uma obrigação, mas sim como a expectativa de poder colaborar para criar um ambiente melhor, você experimentará uma grande alegria.

Não espere que alguém apareça magicamente para fazer você feliz, resgatando-o de seu vazio existencial. Cabe a você mesmo decidir viver com sentido e se realizar para superar suas carências e aproveitar a vida. Para isso, você tem de reservar tempo para alcançar profundidade e deixar de se distrair com atitudes que o mantêm nas ondas da superficialidade.

Em primeiro lugar, você deve decidir que quer ter tempo. A decisão de ter tempo para tarefas humanas, como brincar, ler, pensar, refletir, criar, desenhar, aprender, meditar, organizar as ideias, ter amigos, amar ou simplesmente existir, é essencial para dar sentido à sua vida. Se você não dedicar tempo a isso, sua presença será igual à de um robô que anda com o piloto automático, conforme a programação do momento e agindo mais por obrigação do que com expectativa.

Não espere que alguém apareça magicamente para fazer você feliz.

Presente no outro

Quando está presente em si e sintonizado, você entra em contato com o outro, e sua presença o afeta. Você o leva em consideração. A presença dele lhe importa, e você o reconhece. Você o enxerga. Não o ignora. Quantas decisões você toma ignorando a presença das pessoas? Não estou me referindo somente às pessoas que o rodeiam e que você vê, mas também às pessoas afetadas pela sua decisão.

Por exemplo, você pode comprar uma camisa que tenha sido costurada por mão de obra explorada e mal paga. Sua decisão de

Informe-se e esteja plenamente consciente do impacto de suas decisões.

comprar essa camisa manifesta sua ignorância do outro. Você pode investir em um banco que converte seu dinheiro em negócios de armas, que servem para matar o próximo. Sua decisão de investir em tal banco indica que você ignora os outros. Estar presente no outro é tomar decisões levando em conta as repercussões que suas decisões têm para ele. **Informe-se e esteja plenamente consciente do impacto de suas decisões**. Seja um consumidor responsável.

Presente em Deus, o ser Amoroso

Estar presente em Deus, em Seu olhar, limpa você. Libera-o do peso do passado. Cura suas feridas. Eleva-o para que você enxergue além das árvores que o impedem de ver o bosque. Amplia o seu olhar para que você reconheça o belo, o bom e a verdade. Em Sua presença, você tem consciência de que não está sozinho, sente Sua energia amorosa acompanhando-o.

A presença de Deus não o força a nada. Quando está presente diante de Deus e em Deus, você não se sente forçado, mas sim pleno de poder. Um poder que lhe dá asas para abandonar os medos que o limitam. Um poder que o ajuda a desafiar os limites que os outros lhe impõem. É o poder de ser você mesmo e ser livre.

A presença de Deus não julga. O julgamento pesa sobre o seguinte: “A luz veio ao mundo, e os homens preferiram as trevas à luz” (Jo 3,20-21). Ou seja, na luz você mesmo enxerga seus erros. Com a clareza que a luz lhe proporciona, você pode emitir seus próprios juízos e tirar suas conclusões do que é que você quer continuar fazendo com sua presença no mundo.

Deus nos inspira a servir o próximo, nossos irmãos. Deus deseja a nossa felicidade. A intenção de Deus é que as pessoas regressem ao estado de amor, liberdade e felicidade delas. Seu respeito por nós faz com que Ele nos mostre o caminho e nos ofereça conhecimento para compreender, dando-nos, porém, liberdade para continuarmos na escuridão e na sombra se isso for o que decidimos.

A Presença de Deus abre as portas do seu coração para que você entre em sintonia com os outros, para que você os ame e ame. Seu amor se eleva assim à compaixão, ao amor generoso, amor tolerante, amor liberador, ao verdadeiro amor livre de emoções nocivas e apegos lancinantes.

Para sentir Deus em seu coração, é imprescindível abrir espaço e fazer silêncio. A linguagem de Deus é o silêncio e o pensamento puro. Com uma mente barulhenta e um coração apegado e ranzinza, você dificilmente sentirá a presença da energia sutil de Deus.

Para sentir Deus em seu coração, é imprescindível abrir espaço e fazer silêncio.

A experiência divina também se sente e se transmite corporalmente. No meu caso, quando sinto Deus intensamente, sinto que meu corpo se ilumina e minhas mãos transmitem energia curativa, meus olhos brilham, e todo o meu ser resplandece.

Se você vive na distração que a sociedade de consumo lhe oferece, estimulando-se para se emocionar, será difícil sentir Deus. Deus não pode ser sentido com estímulo corporal e mental, mas sim no silêncio e na transcendência. Por diferentes motivos, a sociedade ocidental de consumo, distração e entretenimento virou as costas para Deus.

Quando você está presente em Deus e se entrega a Ele, Sua presença o penetra. Você vive no Um. Irradia Um.

Sua atitude determina o impacto de sua presença

Uma atitude ativa

Assuma a responsabilidade de suas respostas. Esteja consciente das influências dos fatores externos e internos. Não culpe os outros e nem as circunstâncias pelas suas respostas, mas aceite o fato de que você é o único responsável por elas (respon-s-habilidade: habilidade de responder).

Uma atitude positiva

Tenha uma visão e percepção ampla de sua realidade interna e externa, concentre-se no que o fortalece. Quando presta atenção às coisas que o enfraquecem, você introduz os germes que contaminam o seu bem-estar; perde forças; esgota-se. Uma atitude positiva o mantém de bom humor. Com positividade, você enfrenta os problemas com energia e vitalidade.

Uma atitude consciente

Permaneça completamente desperto e alerta. Mantenha-se consciente de que você é o criador de seus pensamentos e sentimentos. Não seja vítima do que acontece ao seu redor. Controle o seu ser e suas reações. Esteja consciente do seu impacto e das consequências dos seus atos. Reflita e se conecte com suas boas intenções antes de decidir.

Uma atitude de compartilhamento

Compartilhe abertamente sem precisar convencer, justificar-se, ensinar ou instruir. Faça-o sem expectativas. Compartilhe com a presença interna do seu ser consciente.

Uma atitude de confiança

Confie nas pessoas, a fim de fazer aflorar o potencial, a beleza e a criatividade delas. Tenha confiança de que a vida lhe dará aquilo de que você necessita.

Sua atitude pode ser:

- Uma atitude de abraço genuíno na vida e nas pessoas: desinteressada, altruísta e generosa. Com aceitação. Uma atitude inclusiva.
- Atitude de coragem para enfrentar e se desprender; para transformar.
- Atitude aberta para ser a pessoa que você é sem máscaras.
- Atitude de gratidão, e não de obrigação. Agradeça o

fato de existir. O Sol nasce todo dia. Você o agradece? Desfruta-o?

- Atitude de inocência, como a de uma criança que se surpreende ao descobrir.
- Atitude serena dos sábios: maturidade, domínio e serenidade interior.
- Atitude curiosa para explorar, conhecer, aventurar-se e aprender.
- Atitude de compaixão. Devemos compreender que, com raiva, utilizamos a mesma energia que criou a injustiça – privamo-nos de amor, provocamos mais violência e não mudamos a injustiça. Demonstrar compaixão requer sabedoria, profundidade, perdão, desapego, perspicácia e paciência. Compaixão é compreensão e amor.
- Atitude confiante.

Confie na vida e no fato de que beleza e verdade são possíveis. Confiar é acreditar em si mesmo e em suas possibilidades, em sua capacidade de transformação e de ação ética, positiva e correta. Confiar o ajuda a acreditar na sua intuição. Ao acreditar em si, você tem confiança que os outros vão ajudá-lo a alcançar os seus propósitos concebidos com honestidade e ardor.

Confie na vida e no fato de que beleza e verdade são possíveis.

A confiança é uma disposição básica para navegar pela vida e enfrentar suas incertezas e complexidades com um certo grau de triunfo emocional. Sem confiança, não há esperança, liberdade, tolerância e nem possibilidade de aprendizagem com os erros, o que dificulta muito a construção da autoestima.

A confiança liga e une. Uma confiança profunda cria laços humanos sólidos e estáveis, sendo a principal fonte de compromisso e fidelidade em relacionamentos interpessoais. Sem confiança verdadeira, não há compromisso livre. Sem confiança, há desvinculação, desagregação, fragmentação interpessoal, organizativa e social.

A confiança é essencial em todo processo de transformação. Gisela Zuniga, que viveu uma mudança radical em sua vida, explica: "Retrospectivamente, posso dizer que tudo acontece e que a gente só tem de se abrir, escutar, aguçar o ouvido e se deixar levar com total confiança. Porque somos sustentados, envolvidos e levados no amor do ser"[40].

De dentro para fora

Você vive de dentro para fora quando não baseia sua identidade e nem sua autoestima no que há lá fora. Sua presença alimenta e sustenta, pois você já se alimentou e se sustentou. Alimentou sua mente com pensamentos positivos e sentido. Nutriu seu coração com sentimentos puros, elevados, transformadores e amorosos. Por isso, é capaz de ajudar com sua presença através do pensamento e do sentimento.

O contrário seria viver de fora para dentro. Por exemplo, quando uma pessoa vive de sua posição, seus seguidores se submetem ao poder de sua presença. Ela não tem uma presença com poder genuíno. Seria o caso de um guru que vivesse através dos discípulos que o adoram. Ele sente que essa adora-

---

40 ZUNIGA, G. *Está todo ahí.*

ção lhe dá presença. Cria-se uma codependência do guru com relação aos discípulos e vice-versa. Uma pessoa como essa é a negação do que se entende por guru. O significado da palavra "gu-ru" é o que leva você da Lua ao Sol, da noite ao dia. Aquilo que o leva à luz e o libera.

No *Bhagavad-gita*, associa-se idolatria a desejo egocêntrico: "Aqueles cuja inteligência foi roubada pelos desejos materiais se entregam aos semideuses e, guiados pela natureza inferior dos mesmos, perdem-se em muitos outros caminhos" (BG 7,20).

Um político que vive de sua posição tem uma presença duvidosa, visto que seu poder vem de fora: de seus seguidores e afiliados e de seu cargo dentro do sistema. Os políticos não costumam permanecer muito tempo em sua posição, porque lhes falta a presença oriunda do poder interior genuíno.

Viver de dentro para fora é ser um ator que influencia o ambiente ao seu redor. Um consumidor espectador vive de fora para dentro: o que está lá fora determina como ele se sente por dentro.

Anthony Strano explica como viver de dentro para fora:

> Ao entrar em um estado de calma, você abre o tesouro do equilíbrio e da harmonia. Com esse único pensamento – sou um ser de paz –, a mente se desconecta de correntes externas negativas e se conecta com o seu eu original, pacífico.

Para instaurar paz permanente,
preciso conhecer o meu eu espiritual.
Essa consciência elimina a dependência

que gera emoções contrárias:
às vezes próximas,
às vezes distantes,
às vezes amorosas,
às vezes de rejeição.
O conflito é fruto da combinação de
dependências, expectativas e desejos egoístas.
Para gozar de harmonia autêntica, vou esquecer as expectativas
de que me compreendam, considerem e reconheçam
e aceitar que as coisas nem sempre ocorram como eu quero.

Pare de forçar a barra e dissolva o ego,
permita que as coisas sejam como forem.
Elimine a fúria e a reação,
deixe surgir a paz.
Observe e cultive a confiança,
conectemo-nos
Olhe para fora.
E também veja o que há por dentro.

Crie raízes,
e sejamos livres[41].

O poder de uma intenção clara

O poder da presença nasce de uma intenção clara e de uma atitude aberta. Quando mantemos nosso propósito em nossa consciência, o poder da intenção atua com força: você cria

---

41 STRANO, A. *Los cuatro movimientos*.

aquilo em que acredita. Desejos e intenções podem mudar a manifestação física da realidade.

Conhecer o seu papel aumenta o poder da sua presença. Saber o que você quer o ajuda a fazer suas energias convergirem: assim, você manifesta o poder de uma intenção clara.

Para definir sua intenção, você pode se perguntar: Por que estou aqui? Para que estou aqui? É importante saber claramente o que você quer. Ao se perder em dúvidas e flutuar em meio à incerteza de não traçar planos claros, a vibração que você emana é de confusão. É bom duvidar quando isso o leva a reconsiderar seus objetivos. A incerteza faz parte da realidade que nos rodeia, sendo cada vez maior. Não se trata de eliminar as dúvidas e a incerteza, mas sim de não se perder nelas e consultar a sua bússola interior, a intuição que o guia. **Em meio à incerteza, confie em si.**

Em meio à incerteza, confie em si.

É bom você potencializar a sua criatividade individual sem ser egoísta. Qual é a intenção que está por trás da sua criatividade? Muitos tentam explorar suas capacidades e talentos criativos para conservar o *status quo*. Será que queremos usar a criatividade para continuar obstinados? Para manter o poder? Para que nossa criatividade seja única, não narcisista, mas sim pessoal e universal, vale a pena reconsiderar nossa intenção e motivação.

Com a criatividade que nasce da generosidade de espírito e da intenção de servir, passaremos de um egossistema para um ecossistema. No egossistema, tudo gira em torno do eu e do meu: O que posso obter? O que posso controlar? Como posso ter mais poder? No egossistema, perdemos a confiança. O egossistema carece de generosidade e impede uma liderança autêntica e a criatividade. Não permite que surja o poder do conhecimento, das competências e do talento, bem como a motivação de cada colaborador, pois cada um está centrado em si mesmo. Se não deixarmos todo esse poder surgir, é impossível ter uma inovação na qual haja entusiasmo, colaboração e, sobretudo, vontade de assumir o risco de novos desafios.

No ecossistema, tudo gira em torno do "nós". Enquanto continuarmos com o egossistema baseado na ganância do eu como cultura, enfrentaremos sérios problemas que ameaçarão nossa sobrevivência, e a cultura da ganância e da violência prevalecerá. Por isso, devemos potencializar agora mais do que nunca nossa intenção de sair do sistema atual para criar juntos um mundo mais habitável e sustentável.

Com esse espírito, você reconhece a importância de se impregnar do poder que lhe dão o silêncio, a reflexão profunda e a espiritualidade. Somente assim você poderá emaná-lo. **Conceba cada pensamento e cada sentimento com uma intenção benéfica e prestativa. Quando houver no mundo pessoas suficientes com tal intenção, criaremos um mundo melhor.**

Conceba cada pensamento e cada sentimento com uma intenção benéfica e prestativa. Quando houver no mundo pessoas suficientes com tal intenção, criaremos um mundo melhor.

As pessoas que tiverem despertado para esse novo jeito de ser, com uma presença essencial, sem máscaras, com humildade e poder pessoal, sem submissão, com novos pensamentos, sentimentos, atitudes e valores, se juntarão de forma harmoniosa. As intenções delas serão claras, e elas se unirão de forma natural para instaurar uma nova cultura, uma nova civilização. Haverá uma igualdade de intenções e propósito: um mundo melhor para *todos*.

Isso acontecerá quando cada um tiver feito seu exame real e transformador, no laboratório de sua vida. Com prática e experiência, estaremos na mesma onda vibratória. A fé profunda na não violência constituirá o nosso estilo de vida. Compartilharemos as mesmas metas e os mesmos valores. Seguiremos um estilo de vida semelhante, baseado no respeito por todos os seres vivos. Um estilo de vida simples e austero.

Precisamos de mais pessoas com intenções benéficas e claras no mundo. Curiosamente, pessoas cujas intenções são malignas são conhecidas de modo bem claro. O poder delas atua no mundo e mantém vivos o mal, a violência e a destruição. Muitas das pessoas com boas intenções não as conhecem de forma tão clara. Elas então se distraem; perdem coragem; acomodam-se.

Defina suas intenções. Acredite nelas e em si. E ponha-se a caminho com coragem, compromisso e determinação.

Ações e palavras influentes

Sua presença é plena quando seu corpo, coração, mente e espírito estão em sintonia e completamente presentes. Sua repercussão no mundo aumenta quando você age nesse estado. Seus atos têm influência.

Se você perde a conexão com o seu âmago, com a sua essência, suas ações se esvaziam de sentido. Viram rotineiras. Você age por responsabilidade, por obrigação ou por rotina, no piloto automático. Suas ações não têm a luz de uma presença sentida.

Uma forma de ter mais presença em suas ações consiste em olhar para dentro e sentir a si mesmo antes de começá-las (a aula, reunião, conferência, ou seja, a ação que você vai realizar). Sinta o que você estiver sentindo. Entre em contato consigo mesmo em um espaço de silêncio interior. Sinta ali a sua intenção. Qual é a intenção que você quer que acompanhe sua ação?

Conecte-se a essa intenção para ser capaz de transmiti-la. Suas palavras terão mais efeito. Mantenha a conexão com a mensagem que estiver enviando. Você deve acreditar no que diz e sentir o que diz. Dessa maneira, suas palavras virão de sua força interior.

Ao falar com a cabeça, você se conecta com a cabeça dos outros. Ao falar com o coração, você se conecta com o coração dos outros. Você atinge o coração deles. Ao falar com a alma e uma intenção clara, suas palavras tocam a alma e se conectam com a intenção dos outros. Assim, instaura-se uma verdadeira comunhão e transmissão de energias positivas, inspiradoras e transformadoras.

Ao invocar em silêncio a Presença de Deus em si, você imediatamente toma a palavra e realiza a ação com outra energia. Sua vibração emana essência divina.

Suas ações e palavras têm influência quando você se afirma em seu poder interior, quando sua energia se concentra em sua intenção e você está colocando em prática seus valores.

O que diminui a sua presença?

O que nos impede de ser livres é o medo de nos perdermos.

Javier Melloni[42]

Vejamos os aspectos que diminuem a sua presença:

- Confusão mental. Quando está desorientado, o que você pensa, sente, diz e faz é diferente. O piloto automático vai em uma direção, sua decisão, em outra, e sua intenção é diferente. Sua presença fica então confusa.
- Quando você não sabe claramente o que quer, sua capacidade de estar presente diminui. É como se você estivesse perdido não se sabe onde.
- Estar ausente. Onde você está?
- Não estar presente com corpo, coração e mente. Estando desconectado do seu corpo, você experimenta sentimentos contraditórios, e sua mente não deixa de pensar atropeladamente; sua presença fica confusa. Não há clareza nem força, sua presença fica fraca.
- Os medos são alguns dos principais inimigos que atrapalham o ato de se abrir à plenitude. Qualquer fraqueza, inconsistência, dispersão, falta de foco e flutuação interna diminuirá a sua presença e roubará a energia necessária para você se sentir pleno.
- A indecisão pessoal enfraquece a sua presença. Quando você faz algo sem ter certeza de que quer fazê-lo,

42 MELLONI, J. *El Cristo interior*.

hesitando se tem mesmo de fazê-lo, temendo o fracasso e se sentindo duvidoso sobre seu possível êxito, qualquer coisa que você faça, com essa dúvida, não terá muita força. Quando, ao contrário, você faz algo se baseando em seus valores, com uma visão clara, em um estado de autoestima, confiança e serenidade, com clareza, concentração e foco, você obterá mais sucesso, será mais convincente e se sentirá capaz de levar as coisas até o fim.

- Os pensamentos negativos são como emissões tóxicas do radar da sua mente.
- O fato de se culpabilizar ou culpar os outros isola você deles. Provoca desagrado. Os outros ignoram você. Não querem vê-lo e não o veem.
- Seu crítico interior julga você constantemente, dizendo-lhe "assim não", fazendo-o duvidar de si mesmo. Essa conversa interior enfraquece você.
- A tensão, o fato de não estar relaxado, desconecta você do ambiente ao seu redor e o mantém fechado em si mesmo. Sua presença não flui. Você fica tenso e rígido.
- Pensar no passado ou no futuro o afasta do presente. Assim, você não fica presente no aqui e agora.
- As preocupações o mantêm perdido no mundo da sua mente, do que poderia ter acontecido, mas não aconteceu. Sua imaginação o aprisiona nas fantasias que você próprio concebe. E você então não fica presente.
- As projeções o impedem de enxergar a realidade. Você confunde o que você projeta com o que existe. E se relaciona com sua projeção a respeito do outro, e não com ele próprio.

- Ao se comparar, você quer ser ou ter o que o outro é ou tem. Aparece a inveja. Você então não agradece o que é nem o que tem. Não o valoriza. Seus desejos o aprisionam, e você não tem presença. Fica correndo atrás do que desejaria ter ou ser.
- Uma insatisfação permanente o mantém em um estado de desassossego que o impede de aproveitar o momento presente. Sua presença se torna então inquieta e incômoda.

8

Fortaleça sua presença reconquistando seu poder interior

Para fortalecer sua presença, não desperdice seus três tesouros mais preciosos: seus pensamentos, seus sentimentos e seu tempo. Para alcançar, saborear e conservar um estado de plenitude, você tem de saber utilizar a liberdade que o torna capaz e lhe permite atingir a realização plena do seu próprio eu individual, ter fé nele e na vida. Deve saber o que o aproxima desse estado e o que o afasta dele. **Conceba pensamentos que lhe deem forças. Tenha sentimentos que o preencham. Empregue seu tempo com sabedoria.**

Conceba pensamentos que lhe deem forças. Tenha sentimentos que o preencham. Empregue seu tempo com sabedoria.

Você deve se arriscar positivamente a se conceder poder. Libere-se de todo aspecto que lhe faça sombra. Permita que seu ser se manifeste e se expresse com todo o seu potencial. Abra-se à Presença Divina em si.

Para fortalecer sua presença plena, você deve ser independente do seu universo interior. Verifique se não há nenhuma brecha ou porta aberta à fraqueza em sua personalidade. Isso porque, se de um lado se fortalecer e de outro se enfraquecer, você não alcançará esse estado de poder interior. Descubra quais são as brechas pelas quais a sua energia vaza, as responsáveis pelo fato de seus esforços não darem os resultados esperados. Por mais que você tente se preencher, o vazio gerado por essas perdas permanece.

Algumas dessas brechas foram mencionadas na seção sobre o que diminui a sua presença. A inveja e as comparações consomem a sua energia. Sentir-se inútil o enfraquece. Deixar-se oprimir por preocupações relativas ao que ainda não aconteceu absorve a sua energia.

Reconquistar o poder interno implica reconhecer o seguinte:

- Que você tem dentro de si um potencial a descobrir e desenvolver. Descubra-o. Desenvolva-o. Viva-o. Ofereça-o ao mundo.
- Que você precisa ter maior controle de seu universo interior, de seus recursos e faculdades, tais como a mente, o intelecto, os condicionamentos e hábitos de sua personalidade. Medite. Conheça a si mesmo.
- Que você tem crenças que o bloqueiam e deve mudar. Questione-as e, se vir necessidade, mude-as.
- Que você deve fortalecer valores como tolerância, aceitação e flexibilidade se quiser sobreviver em paz nos tempos turbulentos em que vivemos hoje.
- Que existem hábitos que lhe provocam medos, dúvidas e sofrimentos que você poderia evitar e ser mais feliz. Modifique-os.

- Que você é responsável pelo jeito como você está.
- Que algumas discussões tiram a sua energia e consomem o seu tempo. Decida em quais delas vale a pena se envolver e não perca tempo. Mantenha-se observador ou concentre-se em outra coisa.
- Que ao canalizar a energia da raiva em compaixão, do medo em confiança e da tristeza em alegria, você se fortalece.

Para conseguir tudo isso, eu lhe aconselho meditar. Mas não basta isso. A presença de alguém que o acompanhe espiritualmente em certos momentos de sua vida o ajudará a tomar o leme do seu barco e navegar melhor por esses mares agitados.

Somente quando compreendemos o que está acontecendo conosco é que podemos superá-lo de verdade. Com a meditação, conseguimos enxergar a luz. Porém, de vez em quando precisamos limpar os armários das lembranças, curar certos hábitos e entender por que os temos. Com compreensão, é mais fácil viver uma transformação integral. Ter controle sobre nosso universo interior requer coragem e ousadia de olhar para ver.

Não é fugindo que transformaremos a realidade que criamos para nós mesmos. Somos tão apegados a certas formas de ver, sentir e fazer que necessitamos de uma força tratora que nos tire desses hábitos tão arraigados.

Uma vez que vemos e estamos dispostos a mudar, percebemos a força da gravidade que nos paralisa em formas de pensar e de fazer tão velhas. Conheço muitas pessoas que, com boas intenções, queriam melhorar suas vidas, deixando de ser espectadores e passando a ser atores, e no entanto continuam acorrentadas a hábitos sociais e pessoais que as determinam há tanto tempo.

Uma mudança é sempre pessoal e com frequência solitária. Embora sejam cada vez mais numerosas as pessoas que tomam decisões de mudanças radicais, elas continuam sendo uma minoria. Introduzir mudanças na sua vida sem ser acompanhado pelas pessoas com quem você navegou durante muito tempo é duplamente difícil. Porém, é aí que reside a grandeza da presença transformadora: **não espere que os outros mudem. Mude você.**

Torne-se um vetor de mudança. Não tenha medo. Você encontrará pelo caminho novos amigos que o compreenderão e o acompanharão durante a mudança, para navegar em outros mares e se abrir a outros horizontes. A presença deles, até agora invisível para você, ficará visível. Enquanto se mantinha no velho paradigma, você não a via e nem tinha consciência da existência dela. Ao despertar, você enxerga com outros olhos e se dá conta da beleza das pessoas que apostam em uma mudança radical em suas vidas e no planeta.

...não espere que os outros mudem. Mude você.

Ponha-se a caminho. Quando você mudar, o mundo mudará.

Passos para potencializar a presença que há dentro de você

- TENHA CONSCIÊNCIA DA ALMA QUE É VOCÊ. Isto é, não se perca na personalidade que você expressa através de diferentes papéis. Não se perca nos órgãos sensoriais do corpo, que é o seu veículo, mas não é você. Ter consciência de quem você é lhe dá força e aumenta o poder e o impacto da sua presença.
- ACREDITE NO QUE VOCÊ PRETENDE FAZER.
- CULTIVE O SILÊNCIO.
- Procure se cercar de ENERGIAS LIMPAS. Estou me referindo a energias de pensamentos bons, sentimentos positivos e palavras com sentido. Afaste-se de pessoas que têm ondas ruins e transmitem energias negativas. Entre em contato com a bondade e tenha boas intenções.
- Sintonize suas decisões e ações com a sua consciência.
- Mantenha CLAREZA. Para isso, escreva toda manhã, entregue seus pensamentos e sentimentos a um caderninho especialmente dedicado a essa finalidade. Pouco a pouco, você entenderá melhor a si mesmo. Quando se esgota mental e emocionalmente, você não consegue decidir com clareza e se deixa influenciar por tudo, o que lhe provoca mais sofrimento. Preste atenção aos seus pensamentos e emoções. Medite para se acalmar e aprenda a pensar melhor.
- ACEITE. Lembre-se de que aquilo contra o que você resiste persiste. Resistir o bloqueia e o mantém preso

a sofrimentos. Ao aceitar uma situação, você terá o poder de mudá-la.

- Aprenda a SE CONCENTRAR sem ficar tenso.
- TENHA DISCERNIMENTO. Pratique um discernimento correto e coerente com suas intenções. Para isso, você pode realizar o seguinte exercício, em silêncio: relaxe. Respire fundo. Com a mente, afaste-se da situação em questão. Observe-a sem se envolver. Pense: *eu não sou essa situação. Estou me separando dela. Estou acalmando minha mente. Penso que nada é permanente. Tudo passará. Enquanto criador dos meus pensamentos, estou relaxando a mente com o pensamento; sou paz. Estou gerando e difundindo paz. Estou visualizando o horizonte ao longe e deixando que minha mente descanse em um ponto no infinito. Estou aprendendo a desfrutar nesse espaço ligado à grandeza do universo. Ali, vejo que tudo é relativo e agradeço tudo o que eu tenho e todas as possibilidades que estão ao meu alcance. Vou manter durante alguns instantes essa conexão com o silêncio interior.*
- MEDITANDO, você fortalece a sua capacidade criativa de responder, pois sua mente se acalma e se refresca. Com a meditação, você amplia sua clareza, para tomar decisões certas, baseando-se em seus valores, e não influenciado por pressões externas.
- PRATIQUE A ARTE DAS PERGUNTAS APRECIATIVAS E POSITIVAS; por exemplo, em uma situação que o faz sofrer: O que essa situação está me ensinando? O que é que eu posso melhorar em mim para não recriá-la? Com o que posso contribuir? Essas perguntas suscitam

respostas positivas de amor, generosidade, perdão, tolerância, paciência e aprendizagem. Não coloque a si mesmo perguntas que aumentem o seu mal-estar: Por que eu tive de viver aquilo? Por que isso aconteceu logo comigo? Como ele ousa fazer tal coisa? Tais perguntas provocam respostas de ansiedade, rejeição, ódio, rancor ou agressividade.

- SEJA VOCÊ MESMO. Permita-se sê-lo.

9
Presenças

Há presenças em nossas vidas que nos **inspiram**.

Incentivam-nos a aspirar a um ideal mais elevado.

Abrem-nos para a **esperança** de uma vida melhor.

Dão-nos a **confiança** de que é possível.

Elevam-nos, levando-nos a outro espaço de sentir e ser.

Ampliam nosso **olhar**.

São como a **fragrância** do jasmim.

Envolvem-nos com um perfume que confere outra cor à nossa vida. Eliminam todo o ar viciado dos sentimentos encalhados, e o coração começa a sentir o cheiro da liberdade.

São presenças **luminosas**.

Desaparece o peso e aparece a luz, que ilumina os aposentos da sua alma, os quais se torna urgente limpar. Você enxerga, reconhece e decide se desprender.

Você experimenta a leveza de ser **livre**, sem nada que o prenda.

Há presenças que parecem um **vento** forte: em seu rastro, mudam a paisagem.

Outras presenças, como a **brisa**, são uma carícia para a alma. Fazem-na se sentir amada, reconhecida e respeitada.

Presenças que:

• ao passar pela sua vida, **abrem você** para outros horizontes possíveis,

• **lhe dão valor** para abandonar o peso de uma vida sem sentido,

• **limpam o seu olhar** e abrem você para novos horizontes, para realizar uma mudança radical na sua vida.

• É uma mudança que o transporta facilmente, com a **energia do amor**, para um estilo de vida sustentável, respeitoso e não violento.

O silêncio começa a fazer parte de você, e há **espaço** para ser, sentir e transcender.

Você é

Você sente

Você transcende

Escrevi esse texto, "Presenças", em Mount Abu (na Índia), em outubro de 2010.

Referências

AXELROD, A. *Gandhi Ceo* – 14 princípios essenciais para guiar e inspirar grandes líderes. Rio de Janeiro: Elsevier, 2011.

CESARE GIACOBBE, G. *Como virar Buda em cinco semanas*. Rio de Janeiro: Best Seller, 2009.

GRAF DÜRCKHEIM, K. *Vom Doppelten Ursprung Des Menschen* [O homem e sua dupla origem]. Friburgo: Herder, 2005.

______. *El sonido del silencio*. Bilbao: Desclée de Brouwer, 1996.

GREENLEAF, R.K. *The Servant as a Leader*. Westfield (Indiana, EUA): Robert K. Greenleaf, 1970.

GUIX, X. *¡Cuánto te quiero!* – Estilos afectivos y miedo al compromiso. Barcelona: Aguilar, 2011.

JÄGER, W. *Die Welle ist das Meer* [A onda é o mar]. Friburgo: Herder, 2000.

KUBY, C. *Unterwegs in die nächste Dimension* [A caminho da próxima dimensão]. Mind Films GmbH, 2003.

LE SAUX, H. *Der weg zum anderen ufer* [O caminho para a outra margem]. Düsseldorf: Eugen Diederichs, 1981.

MELLONI, J. *El Cristo interior*. Barcelona: Herder, 2010.

MIKE, G. *Os 7 mitos sobre o amor...* – Uma viagem da mente ao fundo da alma. São Paulo: Integrare, 2011.

NARAINE, G. *Living Values*: A Guidebook. [s.l.]: Brahma Kumaris World, 1995.

OSHO. *La pasión por lo imposible*. Barcelona: Debolsillo, 2005.

PANIKKAR, R. *La plenitud del hombre*. Madri: Siruela, 1999.

RAMANA MAHARSHI, S. *Sea lo que usted es*. Madri: Sanz y Torres, 2007.

ROBBINS, A. *Desperte seu gigante interior*. Rio de Janeiro: Best Seller, 2009.

SANCHÍS, I. *El don de arder*. Barcelona: RBA-Integral, 2004.

STRANO, A. *Los cuatro movimientos*. Barcelona: Associação Brahma Kumaris, 2009.

SUBIRANA, M. *Cúmplices* – Para além das relações de dependência. Petrópolis: Vozes, 2013.

______. *Criatividade para reinventar sua vida*. Petrópolis: Vozes, 2012.

______. *Viver em liberdade* – Limites, sonhos e o essencial. Petrópolis: Vozes, 2011.

______. *Atreva-se a viver* – Medo, coragem e plenitude. Petrópolis: Vozes, 2011.

______. *Serenidad mental, decide con lucidez*. Barcelona: Obelisco, 2011.

TORRALBA, F. *El sentido de la vida*. Badalona: Ara Libres, 2008.

WILBER, K. *A consciência sem fronteiras*. São Paulo: Cultrix, 1979.

ZUNIGA, G. *Está todo ahí, mística cotidiana*. Bilbao: Desclée de Brouwer, 2010.